한 번에 비교해 이해하는

중학
한국사 세계사

글담출판

2014년에 처음 세상에 나온 이 책이 10년이 넘는 세월 동안 사랑을 받아, 이렇게 다시 새 옷을 입고 개정판으로 돌아오게 되니 감회가 새롭습니다. 이 책은 역사를 어려워하고 복잡하게 느끼는 제자들을 위해, 엉킨 실타래처럼 얽힌 역사 이야기를 차근차근 풀어내는 마음으로 쓴 책입니다.

역사가 어렵게 느껴진다면, 눈앞에 커다란 수박이 하나 놓여 있다고 상상해 보세요. 그 수박 안에 인류의 역사가 모두 담겨 있다고 생각해 보는 겁니다.

처음부터 수박이 커다란 열매였던 것은 아니지요. 씨앗 하나가 싹을 틔우고, 줄기가 뻗고, 뿌리가 깊이 내린 뒤에야 비로소 탐스러운 열매를 맺습니다. 그 열매가 무럭무럭 자라 커다란 수박이 되듯, 역사는 인류가 지구에 등장한 이후 석기만을 사용하던 시절에서 문자를 만들고 문명을 일으켜 찬란한 발전을 이루기까지 걸어온 모든 발자취를 담고 있습니다.

수박이 잘 자라기 위해 따사로운 햇빛이 필요하듯, 인간 역시 약한 존재로서 살아남기 위해 끊임없이 고난을 이겨내며 종족이 번성하고 더 강해지기를 간절히 바랐습니다. 그리고 그 과정에서 자신들을 지켜 주는 절대적인 존재를 믿으며 종교가 생겨나게 되었지요.

　이번에는 그 커다란 수박을 반으로 잘라 볼까요?

　반으로 가른 수박의 한쪽은 서양사, 또 다른 한쪽은 동양사가 됩니다. 빨갛게 잘 익은 수박 속에는 다닥다닥 박힌 검은 씨들이 있지요. 그 씨들은 인류가 만들어 온 발명과 발견, 번영과 발전, 혁명과 반란, 전쟁과 화합, 재앙과 고통, 그리고 기적과 희망으로 일구어낸 문화유산이라고 볼 수 있습니다.

　동양사라고 가정한 수박 반쪽의 아주 작은 한 조각이 바로 '한국사'입니다. 우리는 한국인이기에, 그 작은 수박 조각 속의 검은 씨앗들을 하나하나 정성스레 발라내어 먹음직스럽게 잘 익은 수박으로 완성합니다. 우리는 이 땅에서 인류 역사에 큰 획을 긋는 인간 승리의 드라마를 써 내려왔습니다. 이념의 소용돌이 속에서 남과 북으로 갈라졌지만, 전쟁의 폐허와 가난을 딛고 일어섰습니다. 거센 IMF 경제위기의 파도를 넘고, 전 세계를 멈추게 한 코로나19의 위기를 이겨내며, 이제는 세계 10위권 안팎의 경제 강국으로 우뚝 섰습니다.

　역사에서 '한강의 기적'으로 불리는 이러한 성취는 결코 우연이 아닙니다. 우리는 수천 년의 역사적 경험과 문화유산이라는 그 무엇과도 바꿀 수 없는 자산을 지니고 있으며, 그것이 오늘의 발전을 가능하게 한 원동력이 되었습니다.

　하지만 잊지 말아야 할 사실이 하나 있습니다. 한국사라는 수박 한 조각은 사실 커다란 수박의 아주 작은 일부분이라는 점입니다. 우리는 한국인이면서 동시에 세계인이고, 한국의 역사는 수많은 나라의 역사가 모여 이루어진 세계사의 한 부분입니다.

　특히 세계사는 인류가 두 차례의 세계 대전을 겪으며 얻은 교훈을 바탕으로, 다시는 비극이 되풀이되지 않도록 평화를 지켜 나가는 방법을 알려 주는

'지혜의 보따리'입니다. 그 속에는 서구 중심의 강자의 논리에 짓밟혀 왔던 약자들의 고통과 신음, 황제와 왕을 비롯한 소수 지배층의 특권을 무너뜨리기 위해 싸워온 민초들의 피나는 투쟁, 그리고 인류가 쌓아온 성취와 기쁨, 희망이 알알이 박힌 씨처럼 기록되어 있습니다.

이 책은 이제 막 역사를 공부하기 시작한 학생들에게, 인류가 걸어온 길을 시대의 흐름에 따라 쉽게 이해할 수 있도록 안내하는 길잡이가 되어 줄 것입니다. 100년을 한 단위로 하여 동시대에 일어난 한국사와 세계사를 함께 살펴볼 수 있도록 구성했으며, 각 시기별로 역사적 의미가 있는 주요 사건들을 꼼꼼히 짚었습니다. 특히 2022 개정 교육과정의 내용을 충실히 반영하여 구성했습니다. 1권에서는 인류가 처음 지구에 발을 디딘 선사 시대부터 중세에 해당하는 9세기까지의 역사를 다루었습니다.

본문 속 「한국사 VS 세계사 한 번에 이해하기」 코너에서는 시대별 주요 사건들을 한눈에 비교해 보며, 한국사와 세계사의 흐름을 동시에 파악할 수 있습니다.

또한 「깊고 넓게! 역사 완전 정복하기」에서는 각 시대에 한국과 세계에서 같은 맥락으로 일어났던 사건들을 따로 분석해, 왜 그런 결과가 나타났는지 흥미롭게 풀어냈습니다.

이 과정을 통해 독자들은 역사에 대한 깊은 탐구심은 물론, 논리력과 사고력까지 함께 키울 수 있을 것입니다.

마지막으로 「나만 몰랐던 숨은 역사 이야기」에서는 교과서에서는 다루지 않는 신기하고 재미있는 역사 이야기를 생생하게 풀어놓았습니다. 마치 역사 속 한 장면이 눈앞에서 펼쳐지는 듯한 입체적인 서술과 풍성한 사진, 그리고 보기만 해도 내용을 이해할 수 있는 흥미로운 삽화들이 책 곳곳에 담겨 있습니다. 한번 손에 잡으면 술술 읽히는 이 책은, 독자를 어렵고 지루한 역사에서 벗어나 흥미진진한 타임머신 열차에 오른 역사 탐정으로 만들어 줄 것입니다.

끝으로, 이번 개정판이 새롭게 태어날 수 있도록 땀 흘리며 정성을 다해 주신 이경숙 편집자님을 비롯한 글담출판사 여러분께 깊은 감사의 마음을 전합니다.

새로운 봄을 기다리며,
송영심

✦ 차례 ✦

6장 프랑크 왕국과 아바스 왕조, 전성기를 맞이하다

7장 세계적으로 분열과 쇠퇴의 길을 걸어가다

1부

인류,
최초의 발자국을
남기다

아름다운 푸른 별 지구는 사실 늙은 별입니다. 태어난 지 무려 46억 년이나 되었거든요. 인류가 처음 모습을 나타낸 것은 지구가 생명을 다해 가는 시점인 지금으로부터 약 390만 년 전이었습니다. 처음 발견된 최초의 인류는 '오스트랄로피테쿠스'라는 긴 학명을 가진 원시인입니다. 최초의 인류는 온몸이 털로 덮여 있었고 마치 동물원 속 유인원 같았지만, 두 발로 서서 걷는다는 점에서 동물과는 차원이 다른 진화를 거듭하게 됩니다. 그리고 약 250만 년 전, 인류는 두 발로 걷는 대신 자유로워진 손을 이용하여 뗀석기라는 도구를 만들어 냅니다. 이것이 바로 구석기 시대의 시작입니다.

선사 시대란 인류가 아직 문자를 발명하지 못하여 기록을 남기지 못한 역사 이전 시대를 말합니다. 구석기 시대, 신석기 시대, 그리고 문자가 발명되기 전의 청동기 시대가 곧 선사 시대입니다. 인류는 이 시기에 동굴 벽화나 고인돌, 바위 그림과 같은 문화 유산을 우리에게 남겼습니다. 이때 인류 역사상 최초로 농사가 시작되기도 했습니다. 이를 일컬어 '신석기 혁명'이라고 부릅니다.

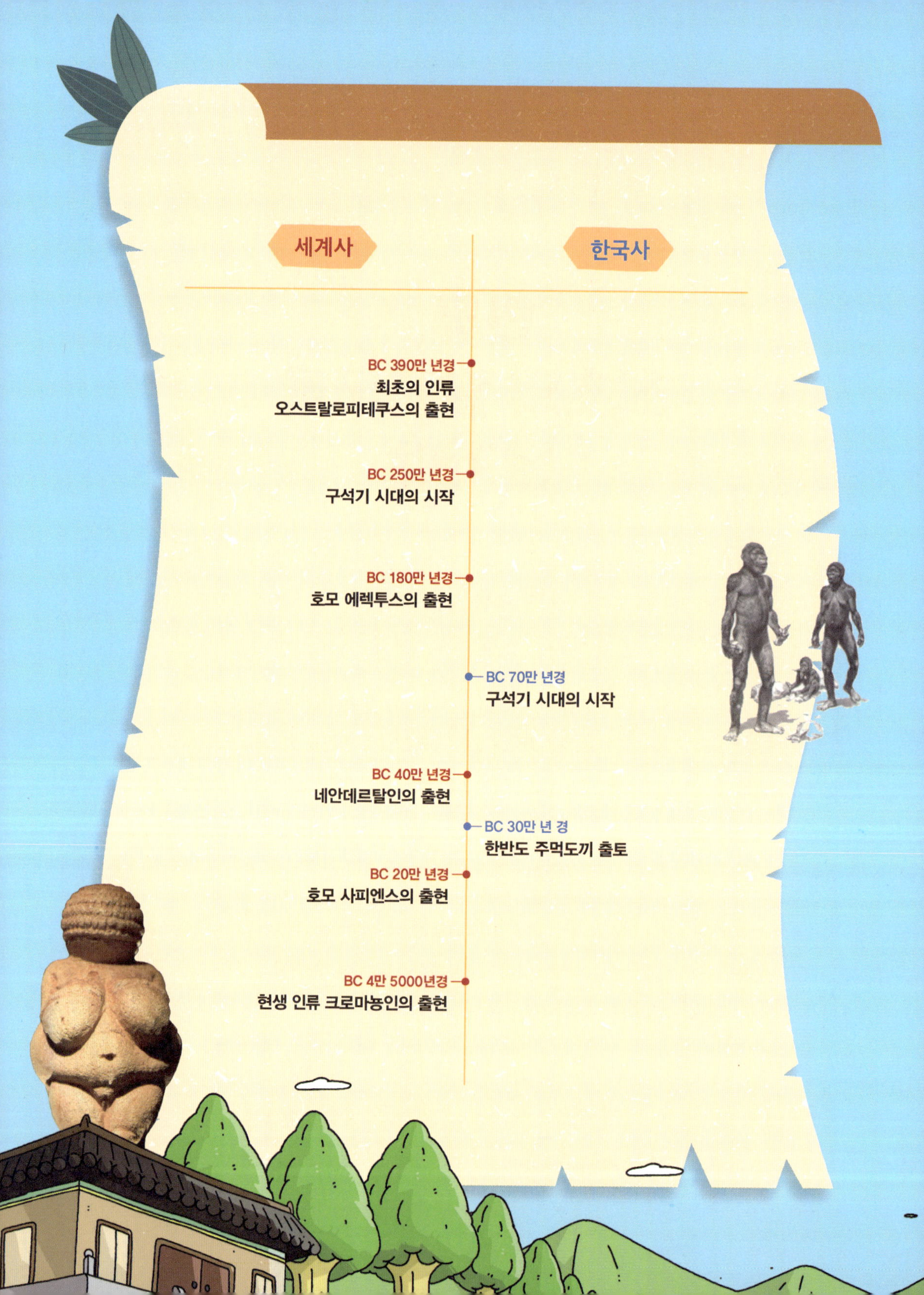

세계사

한국사

BC 390만 년경
최초의 인류
오스트랄로피테쿠스의 출현

BC 250만 년경
구석기 시대의 시작

BC 180만 년경
호모 에렉투스의 출현

BC 70만 년경
구석기 시대의 시작

BC 40만 년경
네안데르탈인의 출현

BC 30만 년 경
한반도 주먹도끼 출토

BC 20만 년경
호모 사피엔스의 출현

BC 4만 5000년경
현생 인류 크로마뇽인의 출현

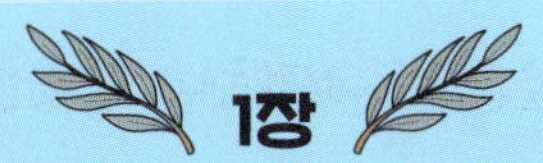

인류의 출현으로
구석기 시대가 시작되다

약 800만 년 전에 만물의 영장 인류는 유인원인 고릴라와 침팬지에서 떨어져 나와 완전히 다른 종으로 진화하기 시작했습니다. 그리고 그로부터 400만 년이 흐른 약 390만 년 전, 마침내 인류는 '오스트랄로피테쿠스'라는 모습으로 지구상에 나타나게 됩니다. 이 최초의 인류는 분명 유인원과는 다른 부분이 있었습니다. 바로 두 발로 서서 걸어 다녔다는 것입니다. 두 발로 걷는 행위는 손을 발달시켜 인간을 혁명적으로 진화시켰습니다. 약 250만 년 전부터 세계사에서는 구석기가 시작되는데, 이 시대는 돌조각을 깨뜨리거나 떼어 내어 사용하는 뗀석기를 주로 쓰던 때였습니다.

한국사에서는 구석기 시대가 언제 시작되었을까요? 오스트랄로피테쿠스는 사실 아프리카를 벗어난 적이 한 번도 없기 때문에 한국사에서는 출현하지 않습니다. 한반도의 구석기 시대는 지금으로부터 약 70만 년 전에 시작되었으며, 이때 한반도를 누비고 다녔던 원시인은 '곧선사람'이라는 뜻의 '호모 에렉투스' 입니다.

BC 390만 년경 — 최초의 인류 오스트랄로피테쿠스의 출현

1924년 처음 화석을 발굴한 다트^{Raymond Dart} 박사는 이것이 원숭이인지, 최초 인류의 화석인지에 대한 확신이 서지 않아 '남쪽에 사는 민꼬리 원숭이'라는 뜻의 학명을 붙여 주었습니다. 그리고 1974년 요한슨^{Domald Johanson}이라는 인류학자에 의해 인류의 화석임이 밝혀지면서 **루시**[*]로 불리게 되었지요. 루시는 그 이름과는 달리 아름다운 여성의 모습과는 거리가 멀었습니다. 인간보다는 침팬지를 닮은 얼굴에다 온몸은 북슬북슬 털로 덮여 있었고, 맹수들이 사냥한 먹잇감을 남기기를 숨어서 기다렸다가 훔쳐 먹는 가련한 청소동물과 다르지 않았다고 합니다. 하지만 분명 유인원과는 달라서, 두 발로 서서 걸어 다녔고 뇌 용량도 현대인의 약 3분의 1인 500cc에 달했습니다.

★**루시** 1974년 인류학자 도널드 요한슨이 화석을 발굴할 때, 라디오에서 비틀즈의 노래 「Lucy in the Sky with Diamonds」가 흘러 나와 '루시'라는 예명이 붙여졌다.

BC 250만 년경 — 구석기 시대의 시작

인간과 동물의 가장 큰 차이점은 무엇일까요? 인간은 생각하는 능력이 있고 **두 발로 똑바로 서서 걸어 다니며**[*] 도구를 사용할 줄 안다는 것입니다. 이 시기에 인간은 드디어 돌조각을 깨뜨리거나 떼어 내어 만든 '뗀석기'를 쓰게 됩니다. 이렇게 뗀석기를 사용하는 시대부터를 구석기라고 칭합니다.

★1978년 인류학자 리키 박사 부부는 아프리카 동부 올두바이 계곡에서 약 370만 년 전에 인간이 두 발로 걸어 다닌 발자국 화석을 발견했다.

BC 180만 년경 — 호모 에렉투스의 출현

호모 에렉투스는 뇌가 상대적으로 커졌으며 불[*]과 언어를 사용할 줄 알았답니다. 불을 피워 추위를 피하기도 했고, 사냥한 음식을 맛있게 구워 먹기도 했으며, 맹수들을 쫓아내거나 겁주는 데 사용할 수도 있었습니다. 그들은 불에 의지해 아프리카를 넘어 다른 대륙으로 이동했습니다. 유럽의 하이델베르크 동굴에 살던 하이델베르크인, 동남아시아의 인도네시아 자바 섬에 살던 자바 원인, 중국의 저우커우뎬^{周口店} 동굴에 살던 베이징 원인 등이 모두 호모 에렉투스라고 볼 수 있습니다.

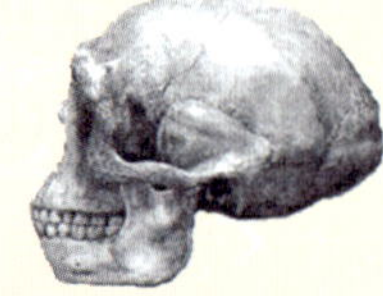

BC 70만 년경

구석기 시대의 시작

우리나라에서도 구석기 시대가 시작됩니다. 호모 에렉투스가 중국 대륙에서 한반도로 들어온 것입니다. 약 70만 년 전 호모 에렉투스들이 사냥한 포유동물의 뼈가 평안남도 상원군 검은모루 동굴에서 발견되었지요. 남한에서도 이들이 사용한 대표적인 뗀석기인 외날찍개와 주먹도끼가 충북 단양군 단양읍 도담리 금굴에서 발견되었습니다. 이들은 불을 피워 추위를 쫓거나 손도끼를 사용해 동물을 사냥했습니다.

BC 40만 년경 — 네안데르탈인의 출현

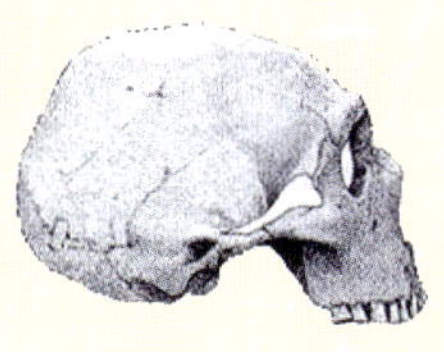

1856년 독일의 네안데르탈 동굴에서 발견되었기 때문에 호모 네안데르탈렌시스라는 학명이 붙었습니다. 죽은 사람을 매장하는 풍습이 있었고, 병자들을 돌보며 치유해 주기도 했다는 증거가 있습니다. 이들이 인간을 식용했을 거라고 보는 인류학자도 있습니다.

BC 30만 년경 — 한반도 주먹도끼 출토

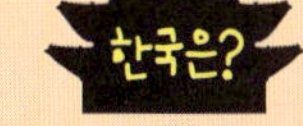

1978년 한탄강변(경기 연천군 전곡리)에서 미군으로 근무하던 고고학도 그렉 보웬Greg L. Bowen에 의해 전기 구석기인들이 사용하는 주먹도끼가 처음 출토되었습니다. 이 주먹도끼는 전형적인 **아슐리안 석기***였습니다. 그는 자신이 발굴한 주먹도끼에 대한 보고서를 고고학계의 석학인 프랑스의 프랑스와 보르도François Bordes 교수에게 보냈고 이를 통해 동아시아에서는 주먹도끼가 출토되지 않는다는 미국 하버드 대학교 교수인 모비우스Hallam L. Movius의 이론이 세계 고고학계에서 폐기되었습니다.

> ★**아슐리안 석기** 약 170만 년 전에서 10만 년 전까지 서유럽, 서아시아, 인도, 동아시아 지역에서 호모 에렉투스인이 사용하던 주먹도끼입니다. 프랑스 아미앵 외곽의 아슐리안에서 처음 출토되었습니다.

BC 20만 년경 — 호모 사피엔스의 출현

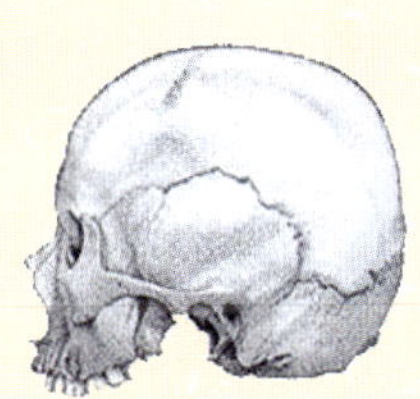

호모 사피엔스란 '슬기 사람'이라는 뜻입니다. 이들은 일반적인 사냥은 물론 물고기도 잡을 줄 알았고, 막집이기는 하지만 간단한 집도 지을 수 있었습니다. 날카로웠던 이빨은 점차 퇴화했고 코와 턱끝이 얼굴에서 상대적으로 두드러졌습니다. 인류의 고향인 아프리카의 에티오피아 남부나 탄자니아, 남아프리카 공화국은 물론, 프랑스, 영국, 독일, 이스라엘 등 전 세계에서 화석과 유물이 발굴되고 있습니다.

BC 4만 5000년경 — 현생 인류 크로마뇽인의 출현

호모 사피엔스가 더욱 진화하여 우리와 똑같은 **현생 인류***로 출현하게 되는데, 이들을 호모 사피엔스 사피엔스라고도 부릅니다. '슬기슬기 사람'이라는 뜻으로, 이들은 탁월한 예술가이며 민첩한 사냥꾼이었습니다. 세밀한 잔석기를 만들 만큼 손재주가 뛰어났고, 창끝이나 작살, 활 등을 이용하여 멀리 달려가는 사냥감을 단숨에 잡을 정도로 재빨랐습니다. 프랑스 크로마뇽 동굴에서 발견된 화석이 대표적이어서 흔히 '크로마뇽인'이라고도 부릅니다.

> ★**현생 인류** 현재 생존하고 있는 인류와 같은 종에 속하는 인류. 현세 인류라고도 한다.

구석기 사람들에게 신앙과 예술은 어떤 의미가 있었을까?

보통 구석기 사람들을 매우 원시적이며 미개하다고 생각합니다. 그러나 우리와 거의 같은 뇌 용량을 가지고 있는 크로마뇽인은 현대인과 견주어도 결코 뒤떨어지지 않을 만큼 예술 솜씨가 탁월했습니다. 그들이 동굴에 남겨 놓은 벽화는 현대의 어떤 화가가 그렸다고 해도 믿을 정도로 생동적이고 예술적입니다. 이러한 예술품에는 보이지 않는 세계의 초월적 존재에 대한 그들의 간절한 소망과 기원이 담겨 있다고 해석됩니다.

이제 세계사와 한국사를 나란히 보며 구석기인들이 남긴 신앙과 예술 세계로 좀 더 깊숙이 떠나 볼까 합니다. 수만 년 전 지구촌을 누비고 살았던 최초 인류의 흔적은 과연 어떠했을까요? 자연의 가혹한 환경 속에서도 끈질기게 살아남아 만물의 영장으로 성장해 간 인류에게 미리 힘찬 박수를 보내 볼까요?

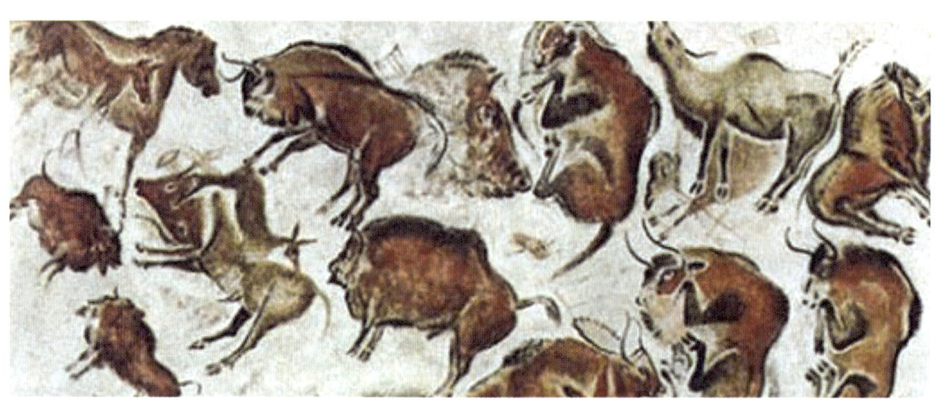

살아 있는 듯한 들소들의 파노라마, 알타미라 동굴 벽화

크로마뇽인이 남긴 가장 대표적인 벽화는 에스파냐 북부 산탄데르 서쪽 30km 지점에 위치한 알타미라 동굴에 있습니다. 이 동굴의 높이 1.15~2.65m쯤 되는 천장에는 방금이라도 그림 속에서 우르르 튀어나올 것만 같이 생동감 넘치는 들소 떼가 그려져 있습니다. 들소들은 보라색, 붉은색, 검은색 등 다양한 색채로 표현되었으며, 들소 외에도 멧돼지와 말, 암사슴도 주변에 있습니다. 구석기인들이 이러한 벽화를 남긴 이유는 초월적 존재에게 사냥 성공을 기원하기 위해서였습니다.

알타미라 동굴은 원래 어느 사냥꾼이 1868년에 처음 발견했으며, 이후 1875년 에스파냐의 귀족인 마르셀리노 데 사우투올라Marcelino Sanz de Sautuola가 이 동굴을 탐사하여 구석기인들이 사용하던 부싯돌과 석기, 그들이 사냥한 동물의 뼈 등을 발견했습니다. 이곳이 구석기인들의 생활 장소라는 것을 확신한 그는 4년이 흐른 후인 1879년 여름, 딸 마리아를 데리고 다시 한번 이곳을 방문했습니다. 그리고 마리아가 동굴 깊숙이 들어섰을 때, 외쳤습니다. "아빠, 천장에 멋진 소들이 있어요!"

여덟 살 어린아이의 천진난만한 눈에는 마치 동화 같은 들소 그림들이 제일 먼저 눈에 들어온 것입니다. 이것이 바로 크로마뇽인이 약 1~2만 년 전에 그렸던 세계적으로 가장 유명한 동굴 벽화인 알타미라 벽화입니다.

뚱뚱함이 미덕? 빌렌도르프의 비너스

현대인의 병 중에 '거식증'이라는 병이 있습니다. 스스로 뚱뚱하다고 생각하여 살을 빼기 위해 음식을 계속 거부하거나 두려워하는 일종의 병적 증상입니다. 구석기 시대였다면 사정은 달랐을지도 모릅니다. 약 3만 년 전 조각된 길이 11cm의 빌렌도르프Willendorf의 비너스에서 그 증거를 찾을 수 있는데요. 이 여인상은 한눈에 보아도 매우 뚱뚱합니다. 눈, 코, 귀, 입은 아예 보이지 않으며, 배도 뚱뚱, 젖가슴도 불룩, 엉덩이도 질펀해 살이 삐져나와 있습니다. 이를 보고 지금의 학자들은 어떤 추정을 할까요? 물론 당시에는 '여성은 뚱뚱한 것이 미덕이었을 것이다'라고 추측할 수도 있습니다. 하지만 그 보다는 이 조각상이 '다산과 풍요를 기원하는 숭배물'이었을것으로 보고 있답니다. 현대인들이 종교적 신념에 따라 십자가나 묵주를 지니고 다니는 것처럼, 이 작은 조각상을 가지고 다니면서 종족의 번영과 음식의 풍족함을 소망했을 가능성이 크다고 보는 거지요. 피와 생명력을 상징하는 붉은 황토색이 석회석 조각 전체에 칠해져 있어 이 주장은 더욱 신빙성 있게 느껴집니다. 현재는 빈Wien 자연사 박물관에 소장돼 있습니다.

◀ 빌렌도르프의 비너스

세계에서 가장 오래전에 예술품을 만든 한반도 구석기인

1976년~1978년 충북대학교 고고학팀은 충북 상당구 문의면 노현리의 두루봉 동굴을 조사하였습니다. 그중 제2굴에서 흥미로운 유물이 발견되었습니다. 사슴 뼈에 새겨진 사람 얼굴 조각이 나온 것입니다. 미완성 모양이긴 했지만, 분명히 인간의 솜씨로 인공적으로 작업한 것임을 한눈에 알아볼 수 있었습니다. 사슴 왼다리 위쪽 뼈를 새기개로 이용하여 삐딱하게 두 눈과 벌린 입을 조각하였는데 크기는 높이 27mm, 가로 41mm, 무게 49.8g 정도였습니다. 고고학자들은 이 작품이 20만 년 전 한반도에 살았던 구석기인이 제작한 것으로 추정하였습니다. 이것은 현재까지 발굴된 구석기 예술품 중에서 가장 오래된 것으로 평가되며, 한반도에 살았던 구석기인들의 예술 세계를 잘 보여 주고 있습니다.

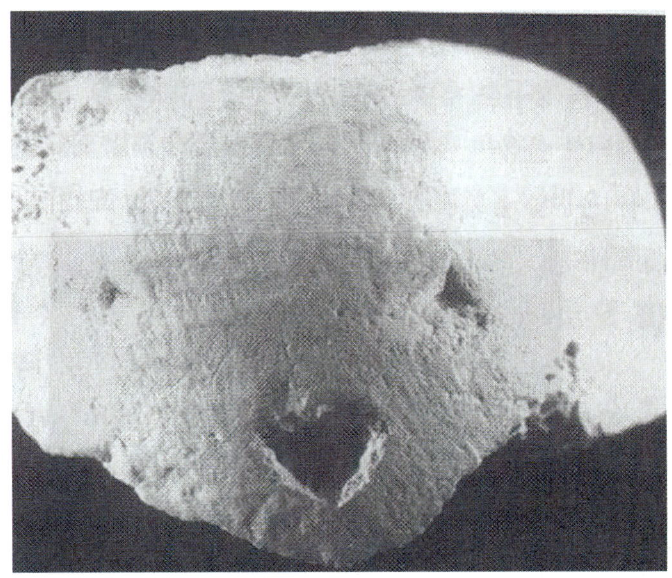

▲ 한반도 구석기인이 제작한 얼굴 조각

크로마뇽인이 매머드를 멸종시켰다면?

크로마뇽인은 현재의 우리와 닮은 준수한 얼굴형에 뇌 용량도 거의 같은 현생 인류입니다. 그들은 매우 능숙한 사냥꾼이었습니다. 커다란 매머드를 잡아서 쓱쓱 썩썩 살코기를 잘라 먹었고, 그 뼈로는 집을 지었습니다. 어떤 학자들은 매머드와 코뿔소가 멸종한 주된 이유가 크로마뇽인이 사냥을 과도하게 했기 때문이라고도 주장했지만, 최근에는 기후와 환경의 변화에 적응하지 못했기 때문이라는 이론이 더 설득력을 얻고 있습니다. 중요한 것은, 그만큼 크로마뇽인들이 뛰어난 사냥꾼이었다는 사실입니다. 크로마뇽인은 1868년 프랑스의 지질학자인 루이 라르테Louis Lartet가 프랑스 남부에 있는 도르도뉴의 크로마뇽 동굴에서 발견했습니다. 지금 우리의 모습처럼 생긴 크로마뇽인은 일단 신체가 건장했습니다. 이마는 평평했고 키는 166~171cm 사이, 뇌 용적은 현대인보다 약간 큰 1,600cm³였습니다. 워낙에 능숙한 사냥꾼인지라 작살·활·창 등을 잘 던졌고, 아주 예리한 잔석기를 만들어 효율적으로 사용했습니다. 또한 각종 동물의 뼈를 장신구 삼아 몸에 걸고 다녔습니다. 이들이 주로 사냥했던 동물은 순록, 말, 사슴, 고라니, 야생 소, 매머드, 토끼 등이었으며, 연어도 매우 좋아해서 뼈바늘을 이용한 낚시를 했다고 합니다.

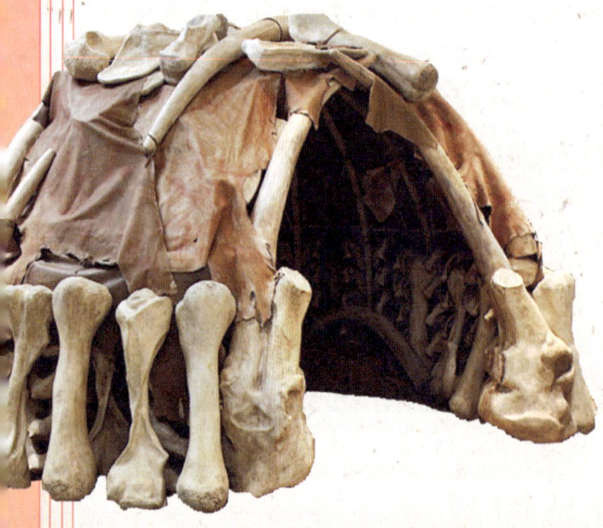

▲ 매머드 뼈로 만든 집. 우크라이나 지방에 소재해 있다.

직접 떼고, 간접 떼고, 눌러 떼고…
뗀석기 만들기

뗀석기만 잘 살펴봐도 구석기 시대를 미뤄 짐작해 볼 수 있습니다. 주먹도끼가 한 면만 떼어져 있으면 이를 '외날찍개 주먹도끼'라고 합니다. 바로 전기 구석기 시대의 것입니다. 우리나라에서는 충북 단양의 금굴에서 발굴되었는데요. 직접 탁 쳐서 떼어 낸 '직접떼기' 방식으로 만들어졌습니다. 인간의 기술이 발달하면서 양쪽 면을 한 번씩 쳐서 떼어낸 '양날찍개 주먹도끼'를 만들게 됩니다.

후기 구석기 시대에는 커다란 돌에서 아주 날카로운 잔석기를 떼어 내 사용했습니다. 이때는 돌에 연장을 대어 정교하게 떼어 내는 '간접떼기' 방식이 쓰였습니다. 또한, 더 정교한 '눌러떼기' 방식이 개발되었습니다. 이 방식은 가죽 위에 큰 돌을 놓고 단단한 뼈나 뿔을 이용해 힘을 가한 후 돌을 눌러서 떼어 내는 기술입니다.

그렇다면, 이 시대의 석기들은 과연 어느 정도 날이 서 있었을까요? 동물을 찌를 때 사용하는 '찌르개', 음식을 조리할 때 쓰는 '자르개', 벽이나 뼈에 조각할 때 쓰는 '새기개'나 구멍을 뚫을 때 쓰는 '뚜르개' 등을 만들어 썼는데, 이 도구들은 마치 면도날같이 매우 날카로워서 잘못 다루면 손이 베여 순식간에 피가 흐를 정도였다고 합니다. 심지어 면도하는 데 사용할 수 있을 만큼 정교했다고도 전해집니다.

▶ 구석기 시대에 돌을 깨 뜨려서 만든 뗀석기들

얼기설기 막 지어서 막집

'구석기인들은 너무 원시적으로 살아서 아마 집이란 것도 없었을 거야'라고 생각한다면 큰 오산입니다. 그들도 나름 집을 짓고 살았습니다. 물론 처음에는 서툴렀기에 동굴이나 바위 그늘 아래서 생활하며 비바람과 추위를 피했고 사나운 들짐승들의 공격도 겨우 막았습니다. 그러나 후기 구석기 때부터는 달라집니다. 강가나 들판 등지에 막집을 짓고 살았습니다.

왜 막집이라 할까요? 나뭇가지와 가죽을 이용해 되는 대로 막 지은 집이라 막집이라고 하는 것이지요.

우리나라에서 막집이 발굴된 대표적인 곳은 후기 구석기 시대의 유적지인 충남 공주시 석장리입니다. 이곳 금강錦江 기슭 언덕에서 나무 기둥을 세우고 그 위에 가죽이나 풀을 되는 대로 얼기설기 덮은 형태의 막집터가 발굴되었습니다. 막집 크기는 동서 7.5m,

▲ 석장리 박물관에 복원된 구석기인의 대표적인 주거 형태인 막집

남북 7m 정도로, 서너 명이 거뜬히 거주할 수 있는 크기였습니다. 집터를 면밀히 조사해 본 결과 놀랍게도 사람의 머리카락, 다양한 석기, 화덕의 불 흔적 등이 발견되었습니다. 자, 여러분! 상상이 되시나요? 강가에서 낚시로 막 건져 올린 물고기를 기슭에 있는 막집으로 가져와 화덕에 놓고 구우면서 가족들이 함께 먹는 모습이 그려지나요? 이것이 바로 우리나라 구석기인들의 생활 모습이었습니다.

세계사
한국사

BC 1만 년경
신석기 시대의 시작

BC 1만 년경
신석기 시대의 시작

BC 9000년경
서아시아에서 밀·보리 농사 개시

BC 8000년경
최초의 도시 예리코의 등장

BC 8000년경
빗살무늬 토기 제작

BC 5000년경
중국 황허강에서 양사오 문화 형성

BC 4000년경
메소포타미아에서 쟁기 사용

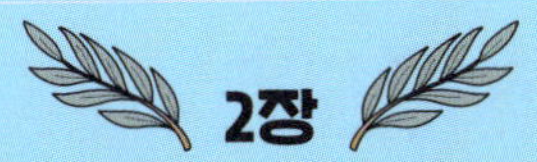

인류 최초의 경제 혁명이
신석기 시대에 일어나다

약 1만 년 전 인류는 뗀석기를 사용하던 구석기 시대에서 석기를 자유 자재로 날카롭게 갈아서 사용하는 신석기 시대로 발전했습니다. 그리고 신석기 혁명이라는 인류 역사상 최초의 '경제 혁명'이 일어나지요. 지구에 빙하가 몇 번씩 덮쳐 오는 '빙하기'가 끝나자 날이 따뜻해지고 생물들이 살기 좋은 조건이 되면서 사냥감이 급격히 늘어났습니다. 덩달아 인구도 급속도로 증가하기 시작했습니다. 이전의 수렵이나 채집, 어로 생활로는 도저히 불어난 인구의 생계를 유지하기가 어려워지자 인류는 새로운 생존 전략을 개발하게 되었습니다. 이것이 바로 농경과 목축의 시작입니다. 곡식을 보관하거나 음식을 담는 토기는 이 시기의 주요한 발명품 중 하나라고 볼 수 있습니다. 우리나라에서도 빗살무늬 토기 등을 만들어 실생활에 이용했답니다. 이 때문에 분쟁도 발생하게 됩니다. 농경의 시작으로 수확물의 분배를 놓고 사람들 간의 대립이 생겨난 겁니다. 농경의 시작은 인류 역사의 흐름과 방향을 완전히 바꿔 놓은 극적인 사건이었습니다.

BC 1만 년경 신석기 시대의 시작

신석기 시대는 간석기, 즉 '갈아서 만든 석기'를 사용한 시대를 말합니다. 전기 신석기 시대에는 사냥, 어로, 채집 등 전기 구석기 시대와 유사한 생활을 했습니다. 그러나 후기 신석기 시대에는 농경과 목축이 시작되었습니다. 토기를 제작해 음식 재료를 담거나 보관할 수 있게 되었고, 실을 뽑아 옷을 만들어 입는 의생활도 할 수 있게 되었습니다.

▲ 간석기는 화강암, 현무암, 유문암 등 단단한 암석을 갈아서 만들었다. 간석기로 제작된 도구로는 까뀌(돌칼), 돌도끼, 팔찌, 끌 등이 있다.

BC 1만 년경 신석기 시대의 시작

우리나라에서도 신석기 시대가 시작되었습니다. 신석기 유적들은 강가나 해안가를 중심으로 발견되었는데, 주로 간석기와 뼈 도구를 사용했습니다.

▶ 강을 중심으로 생활한 모습

BC 9000년경 서아시아에서 밀 · 보리 농사 개시

인류 역사상 최초로 서아시아에서 밀과 보리를 심어 농사를 짓기 시작하였습니다. 자그로스 산맥, 아나톨리아 고원, 토로스 산맥 북동부, 팔레스타인 고원 지역에서 야생으로 자라던 밀과 보리를 씨뿌리기 형태로 예리코 등의 정착지 부근에서 재배하기 시작했습니다.

BC 8000년경 — 최초의 도시 예리코의 등장

인류 역사상 '도시'라고 부를 수 있는 최초의 정착지는 서아시아 요르단강 유역에서 발달한 예리코입니다. 이곳은 성서에 '여리고'라는 이름으로 등장하기도 합니다. 시민들이 힘을 모아 도랑을 파고 성벽을 쌓아 외부의 적으로부터 보호하는 등 경비와 보안에 철저했습니다.

▶ 예리코의 성벽터

BC 8000년경 — 빗살무늬 토기 제작

우리나라에서 신석기 시대를 대표하는 토기는 빗살무늬 토기입니다. 빗살무늬 토기는 신석기인에게 없어서는 안 되는 생활용품이었습니다. 산에서 딴 도토리를 보관하는 그릇이 되기도 했고, 밭에서 수확한 곡식을 담는 통이 되기도 했고, 강가에서 잡은 물고기와 조개를 넣어 들고 오는 이동장이 되기도 했습니다. 농사와 어로 생활을 하던 신석기인에게 빗살무늬 토기는 편리함 그 자체였습니다. 아랫부분을 뾰족하게 만들어 땅속에 꽂아 고정할 수 있도록 한 디자인에서 당시 신석기인의 지혜를 엿볼 수 있습니다.

BC 5000년경 — 중국 황허강에서 양사오 문화 형성

중국 황허강 중류에서 농경을 중심으로 하는 **양사오**^{Yangshao} **문화**★가 형성됐습니다. 주로 조와 수수를 재배했으며, 돼지, 개, 양 등을 사육했습니다. 다른 부족이나 맹수의 침입을 막기 위해 촌락 주변에 도랑을 파 놓기도 했습니다. 양사오 문화는 신석기 문화로서 채색 토기(채도)를 중심으로 발달했고, 그 뒤를 이은 룽산 문화에서는 더 섬세하게 제작된 **흑도**★가 발달했습니다.

★**양사오 문화** 화베이華北에서 일어난 최초의 농경 문화로 룽산 문화의 모체가 되었다.

★**흑도** 그릇 면이 검고 겉면을 반들반들하게 간 토기

▲ 양사오에서 출토된 칠무늬 채도. 적색이나 흑색으로 채색되었으며 동물 무늬, 기하학적 무늬 등이 새겨져 있다.

BC 4000년경 — 메소포타미아에서 쟁기 사용

유프라테스강과 티그리스강 사이에 비옥한 초승달 지역인 메소포타미아에서 인류 최초로 쟁기를 사용해 땅을 경작했습니다. 잡초 제거에 매우 효과적인 쟁기를 사용해 농업 생산력이 크게 향상되었습니다.

농경 생활이
인류에게 가져온 변화는?

세계사에서 인류의 발전에 큰 획을 그은 중요한 사건에 역사학자들은 '혁명revolution'이라는 단어를 붙이곤 합니다. 선사 시대에도 역사적으로 주목할 만한 혁명이 일어났습니다. 바로 농경과 목축의 시작입니다. 이는 어느 날 갑자기 생겨난 것이 아니라, 약 1만 년에 걸쳐 우연과 의도적인 실험을 통해 점진적으로 발전했습니다. 인류학자들은 농경 시작의 공로를 보통 여성들에게 돌립니다. 왜냐하면 석기 시대에 열매와 식물 채집은 주로 여성이 담당했기 때문입니다. 한편, 남성은 사냥한 동물의 새끼를 길들여 목축을 시작했습니다. 이제부터는 농경 생활이 인류에게 어떤 영향을 미쳤는지 살펴보겠습니다. 논밭 농사로 인류는 배고픔을 극복했고, 이동 생활을 청산하고 정착할 수 있었으며, 그로 인해 인구도 급격하게 증가했습니다. 하지만 질병과 불평등 같은 불행의 씨앗도 역시 이 농경에서 비롯되었습니다.

농경 생활이 전염병과 질병을 가져왔다?

농경 생활을 하면서 인류는 한곳에 머무르는 정착 생활에 접어 들었습니다. 야생에서 자라는 풀 중에서 몇 가지 품종을 골라 집중적으로 재배했으며, 동물 중에서는 너무 사납거나 덩치가 큰 것들보다는 순하고 번식력이 강하며 고기 맛이 좋은 동물을 키우고 길들이기 시작했습니다. 하지만 이 과정에서 생물에 기생하던 회충이나 병원체가 번식했고, 잡식성인 인간이 생고기를 먹고 질병에 걸리기도 했습니다.

사냥꾼들은 한군데에 오래 머무르지 않고 이리저리 자주 옮겨 다녔지만, 농사를 짓는 인간들은 정착하고 공동생활을 하면서 공동 우물에서 물을 마셨습니다. 물이나 음식물에 있는 세균 때문에 수인성水因性 전염병이 발생하면, 공동체 전체가 순식간에 목숨을 잃곤 했습니다. 인간 간 병균 전염으로 질병이 빠르게 퍼졌습니다.

또 농사를 짓기 위해 만든 물웅덩이나 나무 등지에서 번식한 모기가 말라리아를 퍼뜨려 인간을 공포에 몰아넣기도 했습니다. 서아시아에서 최초의 농부들이 즐겨 키우던 돼지는 거리의 청소부 역할로 온갖 오물과 배설물을 먹었고, 이로 인해 병균의 온상이 되었습니다. 이런 돼지고기를 먹은 인간이 질병에 걸리기도 했습니다. 쟁기질을 돕던 소도 마찬가지로, 건강하지 않은 소의 우유를 마신 인간이 병원균에 감염되기도 했습니다. 따라서 '인류가 농사를 시작하고 문명을 일으

▲ 고대 이집트의 곡물 타작 그림

켰다'는 말은, 동시에 '질병과 전염병의 역사도 시작되었다'는 것을 의미하기도 합니다.

사유재산의 개념과 성 역할이 생겨나다

'원시 공산제'라는 개념은 원시 시대에 생산물을 평등하게 나누는 사회를 의미합니다. 하지만 이는 사냥이나 채집으로 얻은 식량을 겨우 허기를 채울 정도로 나누는 '빈곤의 평등'이었습니다. 농경 생활이 시작되면서 비로소 안정적이고 지속적으로 식량을 얻을 수 있게 되었습니다. 그뿐만 아니라 가족 전체가 먹고 남은 곡물을 보관할 수도 있게 되었는데 이를 '잉여 생산물'이라고 합니다. 이 잉여 생산물을 개인이 소유하게 되면서 사유재산 개념이 생겨났습니다.

농사 기술이나 개인의 노력에 따라 잉여 생산물을 많이 가지는 사람과 적게 가지는 사람으로 나뉘었고, 빈부격차가 발생했습니다. 결국 잉여 생산물을 많이 비축해 둔 사람들의 목소리가 커졌고, 수확물을 보호하기 위해 집단을 지휘하거나 주변에 깊은 도랑을 파고 높은 벽을 쌓는 과정에서 '도시'가 탄생했습니다.

도시는 문명의 시작을 알렸습니다. 이 과정에서 남성과 여성의 성 역할도 서로 달라지기 시작했습니다. 남성은 농사나 가축 사육 등 바깥일을 담당했고, 여성은 집 안에서 아이를 키우고 요리를 했지요. 남성들은 힘들여 수확한 농산물을 사적인 재산으로 생각했고, 그것을 오로지 자기 자식에게 물려주고자 했습니다. 이는 훗날 남성과 여성의 성 역할 고정화로 이어졌습니다.

정착 생활이 가져다준 안전한 주거지, 움집

움집의 이름이 '움집'인 이유는 땅에 움을 파고 지었기 때문입니다. 농경 생활로 한곳에 정착했던 한반도의 신석기인들이 나름대로 창안한 주거 형태가 움집이었습니다. 그렇다면 움집을 짓기 위해서 제일 먼저 해야 하는 작업은 무엇일까요?

당연히 땅을 파는 일입니다. 보통 깊이 50cm에서 1m로 원형, 반원형, 또는 사각형 모양으로 파냈으며, 그중 원형이 가장 흔했습니다. 땅을 판 후에는 튼튼한 나무 두 개를 양쪽 땅속에 박아 골격을 잡고, 서까래라고 하는 얇고 기다란 보조 기둥들을 여러 개 비스듬히 세워 구조를 만들었습니다.

움집의 지붕은 나뭇잎이나 갈대, 짚을 엮어서 만들었는데요. 현재 서울 암사동에 소재한 선사 시대 주거지의 움집터에는 복원된 지붕만 남아 있습니다. 수천 년의 세월 속에 원 지붕은 사라졌기 때문입니다. 움집의 입구는 지상보다 조금 아래쪽에 위치해 있어 몇 개의 계단을 만들어 놓았고, 남향으로 지어 따뜻한 햇볕을 받도록 설계했습니다. 집 중앙에는 난방용 화덕도 설치해 안전하고 아늑한 주거 공간을 완성했습니다.

인류가 건설한
초기 도시들이 남긴 흔적은?

농경 생활이 시작되면서 낫이나 쟁기 등을 전문적으로 만드는 '장인'이 등장했습니다. 그들은 생활용품뿐만 아니라 남에게 보이기 위한 장식이나 건축물을 만들기도 했습니다. 최초의 도시 예리코에서 이런 흔적들이 발견되었는데, 예리코는 사해死海근처에 위치해 소금이 풍부했으며, 이를 다른 지역과 물물교환하여 생활이 풍족해졌습니다. 약 4,000명이 거주했던 예리코에서는 적의 침략을 막기 위해 원형 요새를 건설했습니다. 바위를 깎아 도랑을 만들고, 망루 역할을 하는 높은 탑과 단단한 돌 성벽을 쌓았는데, 이는 모두 장인들의 작품이었습니다.

BC 6500년경 튀르키예 지역에서 발달한 차탈휘위크는 예리코보다 여덟 배나 규모가 큰 도시였습니다. 벽돌과 진흙으로 만든 건물들이 빼곡히 들어선 도시에서 약 5,000명이 생활했지요. 집 안으로 들어갈 때는 사다리를 이용했고, 사냥 장면이 그려진 벽화가 발견되었으며, 곳곳에서 신전神殿도 확인되었습니다. 농부 외에도 나무, 뼈, 가죽, 돌, 조개로 아름다운 장신구를 만드는 장인, 직물을 정성껏 짜는 장인들이 분업하며 활동했습니다. 차탈휘위크는 당시 도시와 도시가 교역을 했었다는 중요한 사실도 알려 줍니다. 예리코가 소금으로 교역을 했다면, 차탈휘위크는 특산품인 흑요석을 지중해산 조개나 동부 지역에서 생산되는 부싯돌 등과 교환했었다고 합니다.

차탈휘위크에서는 흥미롭게도 진흙으

▲ 차탈휘위크 여신상

로 만든 여신상이 발굴되었습니다. 높이가 불과 16.6cm밖에 안 되는 여신상의 모습은 날씬하지도, 그렇다고 완전한 미녀도 아니었습니다. 오히려 푸짐한 몸매를 하고 의자에 앉아 있는데, 여성성을 강조하듯 유방은 매우 크고, 양옆에는 소 한 마리씩이 자리하고 있지요. 농경 사회였던 만큼 당시에 소를 숭배했다는 것은 말할 것도 없습니다. 풍요를 기원하는 마음을 담아 여신의 풍만한 이미지를 강조해 제작한 것으로 보입니다.

한국의 간석기, 어떤 것들이 발견되었을까?

신석기 시대 때 우리나라의 풍경은 어땠을까요? 전기 신석기만 하더라도 사냥을 주로 했기 때문에 돌을 날카롭게 갈아서 사냥용으로 사용했던 돌칼이나 돌화살촉 등이 많이 발굴되었습니다. 빙하기가 끝난 지구는 생물이 살기 좋은 조건이 형성되어 숲이 생겨나기 시작했고 산속을 뛰어다니는 작은 동물들도 나타났습니다. 사슴, 노루, 멧돼지, 토끼, 염소, 양 같은 동물들이었지요. 돌화살촉을 사용한 화살은 손으로 던지는 창보다 빠르고 멀리 날아가 목표물을 정확히 맞출 수 있었기에, 작고 날쌘 들짐승이나 꿩 같은 새도 사냥할 수 있었습니다.

농경 생활을 시작했기 때문에 돌도끼, 돌괭이, 돌낫 같은 농기구도 발굴되었습니다. 돌도끼는 이름과 달리 논밭을 가는 농기구로 사용되었으며, 짐승이나 적을 공격하는 무기가 아니었습니다. 이외에도 곡식을 갈 때 사용했던 갈판과 갈돌, 또 실을 뽑을 때 애용했던 가락바퀴도 발견되었습니다.

동쪽을 향해 누워 있는 신석기 시대의 무덤

강원도 춘천의 교동 동굴 유적에서 신석기 시대의 것으로 보이는 무덤이 발굴되었습니다. 신석기 시대의 무덤은 비교적 간단한 형태로 이뤄져 있습니다. 얕은 구덩이를 파고 시신을 묻은 다음, 그 위에 작은 돌들을 덮어 놓은 형태입니다. 그런데 이들 무덤을 잘 살펴보면 중요한 공통점을 발견할 수 있습니다. 무덤 주인의 머리가 꼭 동쪽을 향해 있다는 겁니다. 이는 신석기인들이 해를 숭배하는 원시 신앙을 가졌기 때문으로 추정되며, 죽은 사람도 산 사람처럼 해가 떠오르는 동쪽으로 누워야 한다고 믿었던 것으로 보입니다.

또 신석기 시대의 사람들은 육신이 죽어도 그 영혼은 죽지 않는다고 믿었기 때문에, 저세상에서도 살아생전 애용했던 물건들을 가지고 살라는 뜻에서 함께 묻어 주었습니다. 발견 당시 머리맡에는 생필품이었던 빗살무늬 토기가 있었으며, 저승으로 갈 때 요기하라는 의미로 토기 안에 도토리가 한가득 담겨 있었다고 합니다. 복원된 무덤의 모습을 보면 무덤 주인의 목에는 목걸이가, 팔목에는 팔찌가, 심지어 발목에는 조개로 만든 예쁜 발찌가 걸려 있습니다. 신석기 시대 사람들은 주로 강가나 바닷가에서 살았기 때문에 그곳에서 채취하거나 주운 조개껍데기 등을 이용해서 아름다운 장신구를 만들고 곱게 치장했다는 것을 알 수 있습니다.

2부

통일 제국의 형성과 세계 종교의 등장

청동기 시대가 시작되고, 문명의 시대가 열렸습니다. 큰 강들을 중심으로 메소포타미아 문명, 이집트 문명, 인도 문명, 중국 문명 등 4대 문명이 생겨났으며, 이후 세계 각 지역에 강력한 고대 통일 제국이 등장하여 중앙집권적인 통치를 이어갔습니다.

고대는 세계 주요 종교가 탄생한 시기이기도 합니다. 아케메네스 왕조 페르시아에서 크게 유행한 조로아스터교를 비롯해, 유대교의 영향을 받아 성립된 크리스트교, 자비와 평등을 강조하는 불교, 유가 사상을 바탕으로 하는 유교 등이 세계 각지에서 뿌리내리기 시작했습니다.

우리나라에서는 최초의 국가인 고조선이 중국 한나라의 침입으로 멸망한 후, 중국 세력과 투쟁하며 여러 나라가 세워졌고, 이는 고구려, 백제, 신라의 삼국 시대로 발전했습니다. 삼국 시대는 남북국 시대로 이어져 북쪽에는 고구려를 계승한 발해가, 남쪽에는 통일신라가 화려한 불교문화를 꽃피웠습니다.

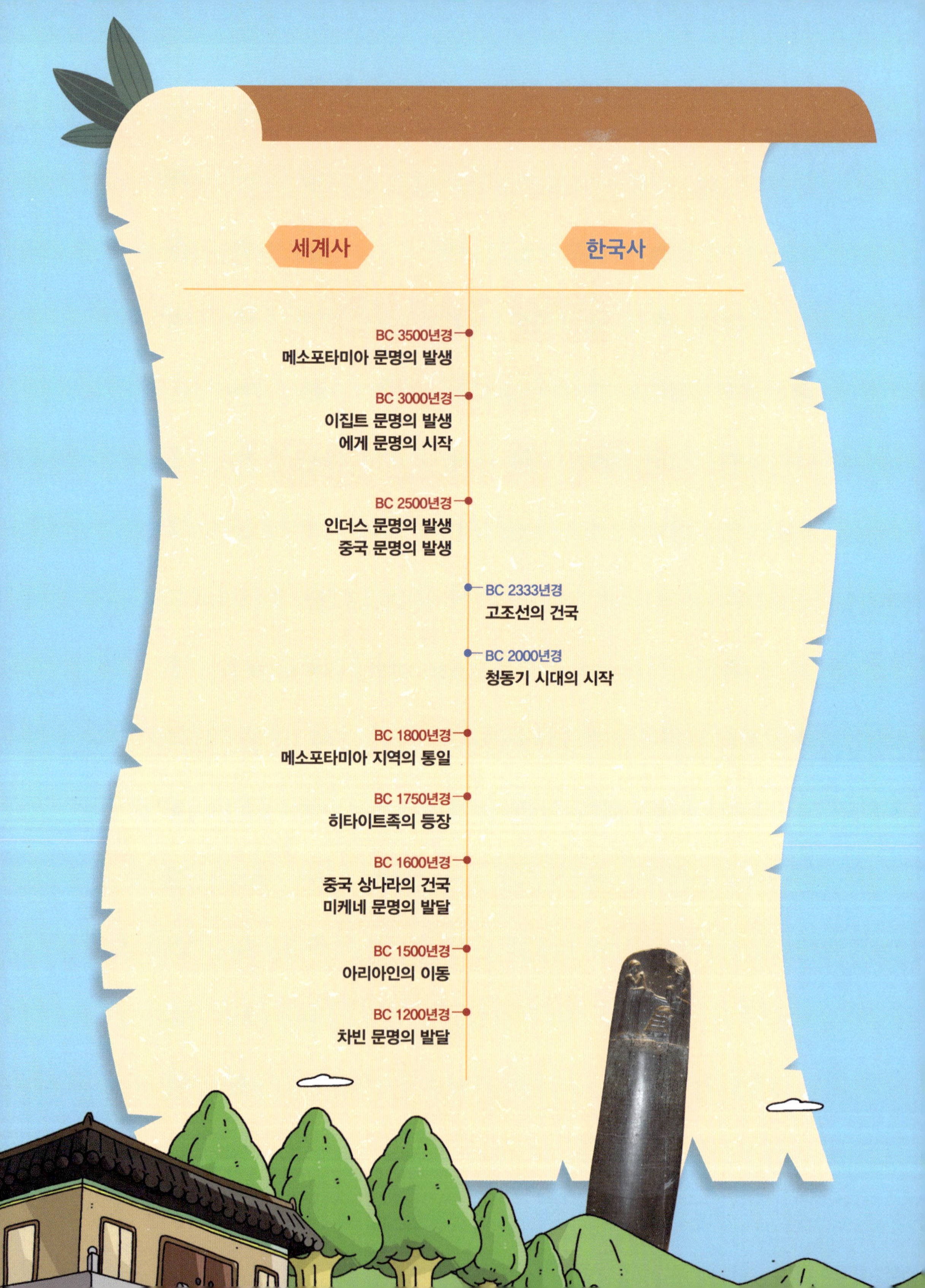

세계사
한국사

BC 3500년경
메소포타미아 문명의 발생

BC 3000년경
이집트 문명의 발생
에게 문명의 시작

BC 2500년경
인더스 문명의 발생
중국 문명의 발생

BC 2333년경
고조선의 건국

BC 2000년경
청동기 시대의 시작

BC 1800년경
메소포타미아 지역의 통일

BC 1750년경
히타이트족의 등장

BC 1600년경
중국 상나라의 건국
미케네 문명의 발달

BC 1500년경
아리아인의 이동

BC 1200년경
차빈 문명의 발달

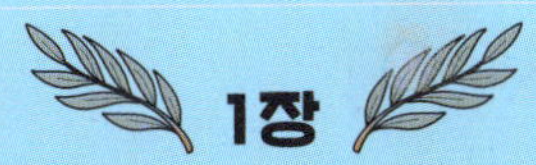

큰 강을 중심으로
세계 문명이 꽃을 피우다

인류는 강 유역을 중심으로 세계 4대 문명을 일구었습니다. 서아시아 티그리스강과 유프라테스강 유역의 메소포타미아 문명, 나일강 유역의 이집트 문명, 인도 인더스강 유역의 인더스 문명, 그리고 중국 황허강과 창장강 유역의 중국 문명이 바로 그것입니다.

큰 강 주변에서는 매년 홍수가 일어나 지도자의 지휘 아래 제방을 쌓고 관개 농업을 발전시켰으며, 성벽을 쌓아 침입자들을 막았습니다. 이 과정에서 도시가 생겨났습니다. 도시에서는 청동기 문화를 바탕으로 문자를 사용했고, 다른 지역과 교류를 활발히 했으며, 통치 조직이 생겨나면서 국가로 발전했습니다. 국가는 신을 대리하는 국왕을 중심으로 정복 지역의 노예 노동을 동원해 웅장한 신전과 왕궁, 무덤을 세우며 화려한 문명을 꽃피웠습니다.

같은 시기, 한국사에서는 청동기 문화를 바탕으로 최초의 국가가 탄생습니다. 바로 단군왕검이 세운 고조선입니다.

BC 3500년경 · 메소포타미아 문명의 발생

▲ 점토 위에 갈대나 금속으로 뾰족하게 새기듯이 쓴 쐐기문자. 길가메시 서사시 중 인류에게 덮친 대홍수를 기록한 부분이다.

메소포타미아란 사이^{mesos}와 강^{potamos}이 합쳐진 '강들 사이'라는 뜻으로, 유프라테스강과 티그리스강 사이의 비옥한 초승달 지대를 가리킵니다. 이곳에서 탄생한 수메르 문명은 쐐기문자를 사용했고, 바퀴와 쟁기를 만들어 썼으며, **태음력***과 60진법을 활용했습니다. 수메르 문명은 건축과 문학으로도 유명한데, 대표적으로 지구라트와 『**길가메시 서사시**』*가 있습니다. 지구라트는 신에게 제사를 지내기 위한 높은 석조 건축물이고, 『길가메시 서사시』는 인류 최초의 서사시입니다.

★**태음력** 달이 지구를 한 바퀴 도는 시간을 기준으로 만든 역법. 음력이라고도 부른다.

★『**길가메시 서사시**』 기원전 2800~2500년경 우루크 제1왕조 제5대 왕 길가메시의 모험담을 노래한 서사시. 1842년 아시리아 아슈르바니팔 왕 서고에서 점토판이 발견되면서 세상에 알려졌다. 현죽음과 운명을 고민한 수메르인의 삶을 잘 보여 준다.

BC 3000년경 · 이집트 문명의 발생

매년 범람하는 나일강은 하류에 비옥한 퇴적평야를 형성해 이집트 문명의 찬란한 발전을 이끌었습니다. 죽은 뒤에도 인간의 영혼은 영원히 존재하며 생활을 이어간다는 '영혼 불멸 사상'을 믿었던 이집트인들은 미라를 제작하여 죽은 자의 내세 생활을 준비했습니다. 파피루스(일종의 종이)를 발명하여 상형문자를 기록하고, **태양력***을 사용했습니다. 고왕국 시대의 파라오는 자신의 무덤으로 웅장한 피라미드를 세우고, 그 앞에는 사람을 압도하는 스핑크스를 세워 무덤을 지켰습니다.

★**태양력** 지구가 태양을 한 바퀴 도는 주기를 기반으로 만든 역법. 양력이라고도 부른다.

BC 3000년경 · 에게 문명의 시작

유럽에서는 이 시기에 청동기 문화를 바탕으로 에게 문명이 발달했습니다. 에게 문명은 초기의 미노아 문명과 후기의 미케네 문명으로 나뉩니다. 미케네 문명은 크레타 섬을 중심으로 발달한 해양 문명으로, 이집트와 메소포타미아 문명의 영향을 받아 유럽에 문화를 전파했습니다.

중국 문명의 발생

중국 문명은 황허강과 **창장강**(양쯔강)* 유역에서 시작되었습니다. 비옥한 황토층에서 농경과 가축 사육이 발달했으며 토기와 도구를 사용했고, 농업 발전으로 사회 계층화가 이루어졌습니다. 전설에 따르면 삼황오제가 문명을 일으켰다고 하는데 삼황 중 복희伏羲는 사냥과 불 사용법, 신농神農은 농사법, 여와女媧는 인간 창조와 결혼 제도를 전수했다고 전해집니다.

★창장강 창장강은 '긴 강' 이라는 뜻이다. 종래에는 선교사들이 명명했던 '양쯔강'으로 불렸으나, 교과서에서 중국인이 사용하는 창장강으로 통일하였다.

인더스 문명의 발생

인더스 문명은 인도 인더스강 유역, 현재의 파키스탄에 해당되는 하라파와 모헨조다로에서 일어난 문명을 말합니다. 인더스 문명인들은 그림 문자를 사용했으며, 체계적인 도시계획에 따라 공중목욕탕, 벽돌 주택, 곡물 창고, 배수 시설을 건설했습니다.

▲ 모헨조다로 유적지에서 발견된 청동으로 만든 '춤추는 소녀상'

고조선의 건국

고조선은 한국사에 등장한 최초의 국가입니다. 이 같은 사실은 고려 충렬왕 때 일연이 지은 『삼국유사』*에 잘 기록되어 있지요. 고조선을 세운 단군왕검은 정치적 지배자이자 제사장이었습니다. 왕 아래에는 상, 대부, 장군이 있었고, 백성 대부분은 농민 계층이었으며 일부 노예도 존재했습니다. 지배층은 고인돌이라는 거대한 돌로 만든 무덤을 축조했습니다.

★『삼국유사』 고려 인종 때 김부식이 지은 『삼국사기』와 함께 삼국 시대 역사를 기록한 대표적인 역사서

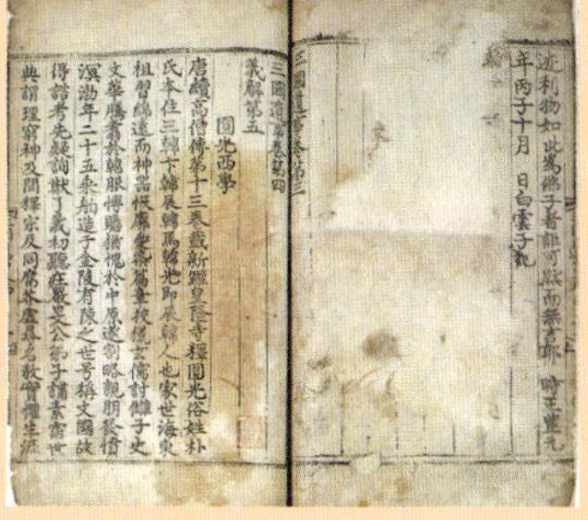

◀ 서울대 규장각이 소장하고 있는 『삼국유사』

청동기 시대의 시작

한국에서 제작된 청동기는 주로 구리와 주석을 합금하여 만들었으며, 일부에는 아연이 포함되기도 했습니다. 이러한 청동기 문화는 만주 요령 지역에서 한반도 북부로 전해진 것으로 보입니다. 고조선의 왕과 지배층은 청동으로 만든 무기, 거울, 방울, 제사용품 등을 소유하였는데, 당시 청동은 매우 귀했기 때문에 권력과 지위의 상징물이었습니다.

◀ 청동으로 된 물건들

메소포타미아 지역의 통일

바빌로니아 왕국은 지금의 이라크 지역에 세워진 고대 왕국으로, 고바빌로니아 왕국과 신바빌로니아 왕국으로 나뉩니다. 함무라비 대왕은 고바빌로니아 왕국의 제6대 왕으로, 메소포타미아 전 지역을 통일하고 시리아까지 지배한 것으로 알려져 있지요. 그가 공포한 함무라비 법전은 세계에서 가장 오래된 **성문법**成文法* 중 하나로 평가되며, **복수법***, 신분 계층에 따른 차별적 적용, 여성의 법적 권리 보호, 사유재산 소유권 보장, 금전을 통한 노예 해방 등을 포함하고 있습니다.

★**성문법** 한자 뜻처럼, 문자로 적어 표현하고 문서의 형식을 갖춘 법을 일컫는다.

★**복수법** '눈에는 눈, 이에는 이'라는 법칙에 따라, 가해자가 행한 것과 똑같은 행위를 가해자에게 되돌려 행하는 것을 인정하는 법이다.

히타이트족의 등장

히타이트는 소아시아의 아나톨리아를 무대로 세력을 넓혀 갔던 고대 부족입니다. 고바빌로니아 왕국의 제1왕조를 멸망시켰으며, 메소포타미아 문명의 영향을 받아 그들 고유의 설형문자(히타이트 설형문자)를 사용했습니다. 이들은 뛰어난 제철 기술로 철제 무기와 도구를 제작했으며, 특히 말이 끄는 전차를 개발해 군사적 우위를 확보했습니다. 이집트 신왕국과 경쟁하며 기원전 13세기경 카데쉬 전투를 통해 고대 세계의 강자로 떠올랐습니다.

▲ 히타이트의 '사자의 문'. 히타이트 제국의 수도였던 하투샤에 있는 유적으로, 장식이 풍부한 예술 유적으로 유명하다.

미케네 문명의 발달

에게 문명의 후기, 미케네인들은 화산 폭발로 인해 무력화된 크레타 문명을 멸망시키고 그리스 세계의 주도권을 쥐었습니다. 이처럼 청동기를 사용하고 전쟁을 자주 했던 이들의 시대를 '영웅들의 시대'라고 부릅니다. 이들은 소아시아의 무역권을 차지하기 위해 트로이와 10년간 전쟁을 치른 끝에, 결국 승리를 거머쥐었습니다.

◀ 미케네 유적지에서 발굴한 황금 가면

◀ 독일의 고고학자 슐리만Heinrich Schliemann은 그리스의 눈먼 시인 호메로스가 지은 서사시 『일리아스』, 『오디세이아』의 배경인 트로이 전쟁(BC 1200년경)이 실제 있었던 역사적 사실이라 믿고 발굴을 시작했다. 그는 결국 트로이 성을 발굴하는 데 성공했고, 그 과정에서 발견한 황금 가면을 '아가멤논의 황금 마스크'라고 이름 붙였다. 그러나 후속 고고학 연구를 통해 이 유물은 트로이 전쟁 시기보다 약 300~400년 이른 기원전 16세기경의 것으로 밝혀졌다.

중국 상나라의 건국

중국 상나라는 1899년까지만 해도 전설 속의 국가였습니다. 1899년, 청나라의 **금석문**金石文*을 연구하는 학자인 왕의영王懿榮과 문인이며 학자인 유악劉鶚이라는 사람이 당시까지 한약 재료로 사용되고 있는 '용골龍骨'을 조사한 결과, 이것이 상나라의 **갑골문자***임을 밝혀냈습니다. 이로써 상나라의 실체가 세상에 알려졌습니다. 갑골문자가 집중적으로 발굴된 중국 허난성 안양현의 소둔촌이라는 곳은 알고 보니 상나라의 마지막 도읍지인 은허였습니다. 상나라는 점을 쳐 나라를 다스리는 신정 정치를 했으며, 지배층 무덤에서는 산 사람을 산 채로 묻는 **순장*** 풍습도 발견되었습니다.

★**금석문** 종 혹은 돌로 된 비석에 새긴 글자

★**갑골문자** 거북 등딱지나 짐승의 뼈에 점을 치기 위해 새긴 글자

★**순장** 산 사람을 함께 묻는 장례 제도. 왕이나 귀족 등이 죽으면 왕후, 후궁, 첩, 신하, 종 등을 함께 묻었다.

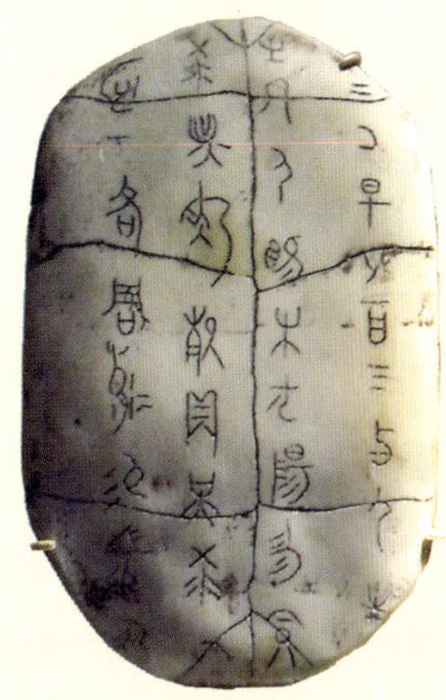

▲ 갑골문자

아리아인의 이동

'아리아Arya'는 산스크리트어로 '고귀한'을 뜻하는 말입니다. 아리아인은 인도유럽어족에 속하는 유목민족으로, 중앙아시아에서 기원한 것으로 추정됩니다. 이들은 기원전 1500년경 대규모 이동을 통해 인도 북서부 펀자브 지역에 들어와 인더스 문명을 쇠퇴시키는 데 영향을 미쳤으며, 그 지역에 정착했습니다. 이들은 초기 브라만교의 기틀을 세웠고, **카스트 제도***를 확립했습니다.

★**카스트 제도** 인도의 세습적 계급 제도. 승려인 브라만, 귀족과 무사인 크샤트리아, 평민인 바이샤, 노예인 수드라, 이렇게 네 계급이 존재했다. '카스트'는 포르투갈어 'casta(혈통, 계급)'에서 유래했으며, 인도인들은 이 체계를 '색깔' 또는 '계급'을 뜻하는 산스크리트어 바르나varna로 불렀다.

차빈 문명의 발달

유럽인들은 아메리카를 '신대륙'이라고 불렀지만, 아메리카에는 BC 1200년경부터 이미 문명이 발달하고 있었습니다. 안데스 산맥 일대 페루의 고원 지역에서 최초로 발달한 차빈 문명이 그 대표적인 예입니다. 차빈 문명은 후에 멕시코 지역에서 발달한 **올멕 문명***과 종교적·예술적 요소를 공유했을 가능성이 있으며, 그들은 신전에 재규어, 뱀, 독수리, 인간 등을 형상화한 거대하고 신비한 석조물들을 줄지어 세워 놓았습니다.

★**올멕 문명** 멕시코 동쪽의 멕시코만을 중심으로 발달한 문명으로, 메소아메리카 최초의 문명이다.

◀ 차빈 문명은 '안데스 문명의 어머니'로 불릴 만큼 예술, 건축, 문화 등에서 후대 안데스 문명에 깊은 영향을 미쳤다.

건축물이 들려주는 역사적 사실은?

문명이 일어난 곳에는 어김없이 거대한 건축물이 세워졌습니다. 이렇게 거대한 건축물을 세웠다는 것은 건축물을 축조하기 위한 노동력을 동원할 수 있는 강력한 통치 집단이 존재했다는 의미입니다. 당시로선 건축물을 세우는 일이 쉽지 않았습니다. 거대한 건축물을 세우기 위해서는 높은 수준의 천문학, 수학, 기하학 등 실질적인 기술이 필요했거든요. 문명이 발생한 지역에 세워진 거대한 건축물은 현재를 사는 우리에게 많은 것을 알려 주는 타임캡슐과도 같습니다. 그 건축물을 분석하여 역사에서 사라진 수많은 사실과 당대의 사회상을 추적해 볼 수 있으니까요. 인류 역사에는 아직도 밝혀지지 않은 사실들이 많습니다. 그러한 사실을 밝혀내는 것은 쉬운 일이 아닙니다. 그러나 역사에 깊은 관심을 가지고 마치 퍼즐을 푸는 기분으로 도전한다면, 이 책을 읽는 여러분도 얼마든지 새로운 사실을 밝혀낼 수 있습니다.

불가사의한 축조물로 꼽히는 쿠푸 왕의 피라미드

청동기 시대에 건축물을 세운 사람들은 자신들이 '태양신'의 자손이라는 긍지를 가지고 있었습니다. 이집트를 다스리던 왕은 '파라오'라 불렸는데, 태양신의 아들을 자처하면서 신과 같은 권위를 누렸습니다. 특히 고왕국 시대의 이집트인들은 파라오의 '영혼 불멸'을 믿었기 때문에, 그의 시신을 보존하기 위해 미라를 만들고 이를 보호하는 거대한 피라미드를 건설했습니다.

그중 세계 7대 불가사의에 속하는 쿠푸 왕의 피라미드는 평균 2.5톤에 이르는 석회암과 화강암 230만 개를 석공들이 일일이 깎고 다듬어서 쌓아 올린 것으로, 높이가 146.5m, 밑변의 길이가 230m나 됩니다. 돌과 돌 사이의 틈이 불과 0.5mm밖에 되지 않을 정도로 정밀하게 제작되었습니다. 피라미드 내부의 통로 중 하나는 북극성을 향하도록 설계되었으며, 이는 당시 이집트인들의 뛰어난 천문학 지식을 보여 줍니다. 그리스의 역사가 헤로도토스는 "10만 명의 남자 노예를 투입하여 20년간 지었다"라고 기록했지만, 최근 연구에 따르면 약 2만~3만 명의 임금 노동자와 계절 농민이 동원되었으며, 이들은 노예가 아닌 자유 노동자였던 것으로 밝혀졌습니다.

▲ 쿠푸 왕 조각상. BC 2589년부터 BC 2566년까지 재위했던 파라오인 쿠푸 왕의 유일한 조각상이다. 크기는 7.6cm로, 현재 카이로 이집트 박물관에 소장돼 있다.

수백 개의 작은 방이 미로처럼, 크노소스 궁전

에게해의 가장 큰 섬인 크레타에는 미노스Minos라는 전설적인 왕이 크노소스 궁전에서 살았다는 그리스 신화가 전해집니다. 크노소스 궁전은 수백 개의 작은 방으로 구성되어 있는데, 방마다 밝은 색깔로 그려진 **프레스코 벽화***가 있습니다. 벽화 속에서 미노아인들은 황소를 뛰어넘는 축제를 하기도 하고, 왁자지껄 복싱 경기를 벌이기도 합니다. 돌고래가 활기차게 뛰어노는 모습도 있으며, 생동감 넘치는 표정의 크레타 여인들이 양손 가득 음식을 들고 있는 모습도 확인됩니다. 당시 크노소스 궁전을 조사해 보니 그들은 배수시설이 잘 되어 있는 위생적인 수세식 화장실을 사용했다고 합니다. 햇빛이 가득히 들어오는 채광시설도 갖추고 있었으며, 발코니가 딸린 최

★**프레스코 벽화** 벽화를 그릴 때 쓰는 화법. 새로 새로 바른 석회가 마르기 전에 천연 안료를 물에 풀어 그리는 방식으로, 벽과 일체화되어 그림이 오래 보존된다.

▲ 크노소스 궁전의 북쪽 입구 모습. 입구에 프레스코 벽화로 황소가 그려져 있다.

대 5층 규모의 궁전을 건축했다는 사실도 확인되었습니다.

사실 크노소스 궁전은 1900년, 영국의 고고학자 에반스^{Arthur Evans} 경이 발굴을 시작하기 전까지는 전설 속에만 존재하는 곳이었습니다. 전설에 따르면, 반은 사람이고 반은 소의 모습을 한 괴물 '미노타우로스'가 크노소스 궁전 깊은 곳에 살고 있고, 한번 그곳에 들어가면 미로처럼 복잡해 빠져나오지 못하고 결국 괴물의 먹이가 되고 말았다고 하지요. 이 괴물을 물리친 영웅이 테세우스였다고 전해집니다. 그리스인들은 이렇게 미로같이 복잡한 구조물을 라비린토스^{Labyrinthos}라고 불렀고, 이것이 '미로'나 '미궁'을 뜻하는 영단어 '라비린스^{Labyrinth}'의 어원입니다.

실제로 크노소스 궁전을 발굴해 보니 수백 개의 작은 방이 빽빽한 미로처럼 연결되어 있어 세상을 깜짝 놀라게 했습니다. 전설과 신화 속에 역사적 사실이 숨어 있음을 다시 한번 실감하는 순간이었습니다.

고인돌의 비밀? 바로 이것!

고인돌은 말 그대로 돌 위에 돌을 고여 놓은 것을 말합니다. 즉 고여 있는 돌을 고인돌이라고 합니다. 영어로는 돌멘^{Dolmen}이라고 합니다. 고인돌의 종류에는 탁자처럼 생긴 탁자식 고인돌, 거대한 덮개돌을 올려놓은 바둑판식 고인돌, 그리고 아예 받침돌 없이 덮개돌을 올린 개석식 고인돌 등이 있답니다.

고인돌 중에는 무게가 무려 수십 톤에 달하는 것들도 있습니다. 그 고인돌 아래를 발굴해 보면, 보통 청동기 시대에 살았던 사람의 유골과 함께 청동검이나 청동거울, 그리고 민무늬 토기 등이 쏟아져 나옵니다. 그것으로 미뤄 보아 고인돌은 청동기 시대를 지배하던 군장(우두머리)의 무덤이며, 그가 생전에 청동 무기와 제사용 도구를 소지하고 제사를 주관했던 인물임을 추측해 볼 수 있습니다.

이러한 무덤을 만들기 위해서는 수백 명의 장정이 필요했을 것이며, 따라서 당시 사회에서 강력한 권력을 가진 유력자의 무덤이었음을 알 수 있습니다. 고인돌 중에는 별자리 그림을 표시해 놓은 것들도 있는데요. 고조선 시대부터 천문학이 발달했음을 짐작해 볼 수 있습니다.

미라 제조 과정이 이토록 무시무시하다니!

이집트 사람들은 죽은 뒤에도 인간의 영혼이 영원히 존재하며 미래의 생활을 계속한다고 믿는 '영혼 불멸 사상'을 가지고 있었습니다. 그래서 죽고 나면 그 영혼이 다시 돌아올 수도 있다고 생각해서 시신을 미라 형태로 만들어 두었지요. 그럼 미라는 어떤 방법으로 만들었을까요?

가장 먼저 하는 일은 죽은 사람의 뇌를 꺼내는 것이었습니다. 콧구멍을 통해 갈고리 모양의 도구를 넣어 뇌를 으깨고 일부를 꺼내거나 흘려보내는 방식을 사용했는데, 영생에 뇌는 아무런 도움이 되지 않는다고 생각했기 때문입니다. 뇌를 꺼낸 빈 공간에는 계수나무나 송진 등 각종 향료와 방부성 물질을 채웠습니다. 그다음은 겨드랑이 아래쪽 갈비뼈 사이를 절개하여 내장을 꺼내거나, 작은 절개를 통해 창자를 제거했습니다. 아무리 시체라지만 상상하니 좀 무섭지요? 꺼낸 내장들은 버리지 않았습니다. 방부제 처리를 해서 카노푸스라고 부르는 단지에 넣어 보관했습니다.

「사자의 서Book of the Dead」는 신왕국 시대의 왕릉, 즉 룩소르 서쪽에 있는 '왕들의 계곡'에서 발굴된 미라와 함께 발견되곤 했습니다. 이 책에는 사후 세계를 지배하는 오시리스 신이 42명의 배심원을 거느린 채 죽은 자를 심판하는 그림이 생생하게 그려져 있었습니다.

▲ 「사자의 서」 중 일부로, 죽은 자가 오시리스의 신 앞에서 최후의 심판인 '심장의 무게 달기'를 받는 장면이다. 이때 심장이 지혜의 신인 마트의 깃털보다 무거우면 이승에서 많은 죄를 지었다 하여 사후 세계로 들어가지 못한다.

눈에는 눈, 이에는 이!
복수법의 원조, 함무라비 법전

세계에서 가장 오래된 성문 법전은 사실 함무라비 법전이 아니라 수메르의 우르 제3왕조를 창시한 우르남무 왕(재위 BC 2124년 ~BC 2107년)이 만든 우르남무 법전입니다. 이 법전은 함무라비 법전보다 무려 300여 년이나 앞서서 만들어졌다고 합니다. 하지만 우르남무 법이 57개 항으로 구성되어 있는 데 비해, 함무라비 법전은 무려 282조로 이루어진, 보다 체계적이고 상세한 법전이었습니다.

함무라비 법전은 그 높이만 2.25m나 되는 돌기둥에 쐐기문자로 기록되어 있는데, 그 비문의 가장 윗부분에는 함무라비 왕이 태양신 샤마쉬로부터 정의를 상징하는 측량자와 밧줄을 수여받는 장면이 새겨져 있습니다. 이 법전에는 '눈에는 눈, 이에는 이'로 다스린다고 하는 고대 바빌로니아 사회의 매우 끔찍한 복수법이 담겨 있습니다. 그 내용을 잠깐 살펴볼까요?

▲ 함무라비 법전 비

"귀족이 귀족의 눈을 다치게 하면, 그의 눈을 똑같이 다치게 한다.
만약 귀족이 평민의 눈을 다치게 하면, 은화 1마나를 지불하도록 한다."
"아들이 아버지를 때렸을 때에는 그 손을 자른다."

복수법이지만 자세히 살펴보면 신분에 따라 법률이 차별적으로 적용됐음을 알 수 있습니다. 1901년, 프랑스인 장 뱅상 셰유^{Jean-Vincent Scheil}가 **수사**^{Susa★}에서 발견하여 프랑스로 가져왔고, 현재는 루브르 박물관에서 소장하고 있습니다.

★**수사** 페르시아만 북방에 있는 고대 도시의 유적. 채문 토기, 회화, 문자, 함무라비 법전 등이 출토되었다.

한국인이 곰의 자손이라고?

우리나라 최초의 국가인 고조선을 건국한 사람은 단군왕검입니다. 고려 충렬왕 때 승려 일연(1206년 ~1289년)이 지은 『삼국유사』에는 단군의 건국 신화가 잘 나와 있습니다. 그 이야기 속으로 한번 들어가 볼까요?

단군의 아버지는 하늘에서 내려온 환웅이었고, 어머니는 환웅과 결혼한 웅녀였습니다. 웅녀는 원래 곰이었는데, 동굴 속에서 달래와 쑥만 먹고 인내로 버틴 끝에 마침내 아름다운 여성이 되어서 환웅과의 혼인에 성공했고, 이로써 단군이 탄생했습니다. 그렇다면 정말 한국인은 곰의 자손인 걸까요? 역사학자들에 의하면, 단군의 건국 이야기에 등장하는 곰은 사실 진짜 곰이 아니라 곰을 숭배하던 한 부족의 여성이라고 합니다. 즉 곰을 **토템***으로 믿고 있는 사냥 부족이 농경을 하는 환웅의 부족과 혼인을 한 역사적 의미를 품고 있습니다.

★**토템** 원시 사회나 부족 사회에서 자신들의 조상 혹은 신성한 존재와 연결된 것으로 믿고 숭배하는 특정 동식물이나 자연물. 이러한 토템은 해당 집단의 신앙과 정체성을 나타낸다.

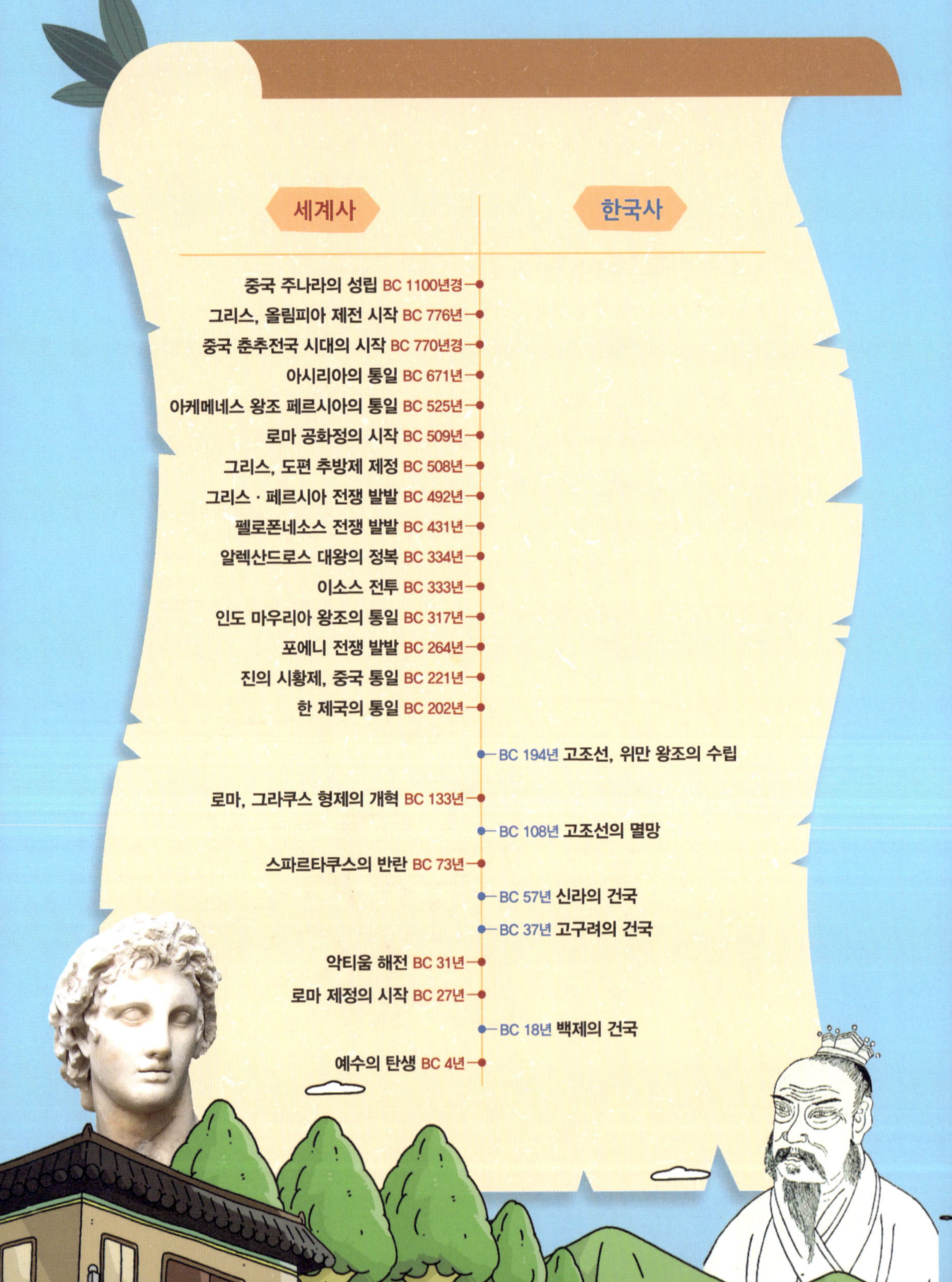

세계사
한국사

중국 주나라의 성립 BC 1100년경
그리스, 올림피아 제전 시작 BC 776년
중국 춘추전국 시대의 시작 BC 770년경
아시리아의 통일 BC 671년
아케메네스 왕조 페르시아의 통일 BC 525년
로마 공화정의 시작 BC 509년
그리스, 도편 추방제 제정 BC 508년
그리스 · 페르시아 전쟁 발발 BC 492년
펠로폰네소스 전쟁 발발 BC 431년
알렉산드로스 대왕의 정복 BC 334년
이소스 전투 BC 333년
인도 마우리아 왕조의 통일 BC 317년
포에니 전쟁 발발 BC 264년
진의 시황제, 중국 통일 BC 221년
한 제국의 통일 BC 202년

BC 194년 고조선, 위만 왕조의 수립

로마, 그라쿠스 형제의 개혁 BC 133년

BC 108년 고조선의 멸망

스파르타쿠스의 반란 BC 73년

BC 57년 신라의 건국

BC 37년 고구려의 건국

악티움 해전 BC 31년
로마 제정의 시작 BC 27년

BC 18년 백제의 건국

예수의 탄생 BC 4년

통일 제국을 바탕으로
세계 종교가 성립되다

세계 곳곳에서는 중앙집권적인 통일 제국이 등장하여 큰 세력을 떨치기 시작했습니다. 서아시아에서는 아케메네스 왕조 페르시아가 강력한 제국으로 성장했고, 중국에서는 춘추전국 시대를 통일한 진나라에 이어, 유교를 바탕으로 한 통치 체제를 갖춘 한나라가 강력한 통일 왕국을 이루었습니다. 인도에서도 최초로 인도를 통일한 마우리아 왕조가 등장해 세력을 확장하며 상좌부 불교를 전파했습니다.

지중해 세계에서는 아테네와 스파르타를 중심으로 한 그리스 세계가 마케도니아 왕국에 정복되었고, 알렉산드로스 대왕은 동방 원정을 통해 동서 문화를 융합한 헬레니즘 세계를 만들어 냈습니다. 이후 로마가 그 문화를 계승하여 지중해의 패권을 두고 카르타고와 벌인 포에니 전쟁에서 승리하면서 서유럽 세계의 강자로 떠올랐고, 공화정을 지나 제정 시대를 열게 되었습니다.

한편, 우리나라에서는 기원전 108년 고조선이 중국 한나라에 의해 멸망한 후, 여러 나라가 생겨났습니다. 이들 나라는 점차 발전하여 고구려, 백제, 신라로 이어지는 삼국 시대가 열리게 됩니다.

BC 1100년경 중국 주나라의 성립

중국 주周나라는 상나라에 이어 중국을 지배한 왕조입니다. 주나라 첫 번째 왕 무왕武王은 상나라를 멸망시키고 도읍을 호경鎬京으로 정했습니다. 주나라는 종법에 의한 혈연제도로 국가를 통치했는데, 이것을 '봉건 제도'라고 합니다. 이에 따라 왕은 제후들에게 토지와 관직을 내렸고, 제후들은 주 왕실에 충성하며 군사적 지원과 조세를 바쳤습니다.

◀ 무왕

BC 776년 그리스, 올림피아 제전 시작

올림피아 제전은 그리스인들이 공동으로 모시는 신 제우스를 위한 종교적 축제였습니다. 이때 행사로 운동 경기가 시작되면서 올림픽의 기원이 이뤄졌습니다. 고대 그리스 세계는 수백 개의 폴리스polis(도시국가)라는 독립적인 정치 공동체로 이뤄져 있었기 때문에, 그리스인들은 4년마다 치러지는 올림피아 제전을 통해 강한 공동체 의식을 다져 나갔습니다. 또한 BC 5세기 이후에는 그리스·페르시아 전쟁 당시, 마라톤 전투의 승리를 알리기 위해 목숨을 걸고 달렸던 아테네 전사를 기념하여 '마라톤 경기'가 시작되었다고 전해집니다.

◀ 원반 던지는 사람
(뮌헨 고대조각 미술관)

BC 770년경 중국 춘추전국 시대의 시작

주나라가 왕위 계승 전쟁과 유목 민족의 침입으로 수도를 동쪽의 뤄양洛陽으로 옮긴 이후에 힘이 약화되어 제후들 간에 치열한 패권 다툼과 전쟁이 계속된 시기를 **춘추전국 시대***라고 합니다. 이 시기에 천하통일을 목표로 활약했던 여러 학자나 학파를 제자백가諸子百家라고 합니다. 유가를 주장한 공자와 맹자, 도가를 주장한 노자와 장자, 법가를 주장한 한비자, 상앙, 이사 등이 대표적입니다.

★춘추전국 시대 춘추 시대에는 명목상 주 왕실을 보호하겠다는 춘추오패의 제후들이 힘을 겨루었고, 전국 시대에는 스스로 천하를 통일하여 왕이 되겠다는 전국칠웅이 치열한 경쟁을 벌였다.

▲ 제자백가 사상가인 공자, 맹자, 장자(왼쪽부터)

아시리아의 통일

고대 서아시아와 이집트 지역은 아시리아 제국에 의해 최초로 통일되었습니다. 아시리아가 통일을 이룬 이유는 쇠사슬 갑옷을 입고 철제 검을 휘두르는 강력한 군단을 보유했기 때문입니다. 그러나 그 강압적인 통치로 인해 아시리아 제국은 오래가지 못하고 반란으로 멸망하고 맙니다. 대표적인 군주인 아슈르바니팔 왕이 세운 니네베 궁전의 벽에는 포로들을 무자비하게 살육했던 당시 모습이 생생하게 부조로 조각돼 있습니다.

▲ 니네베 궁전의 부조 중 사자와 싸우는 아슈르바니팔 왕

BC 525년   아케메네스 왕로 페르시아의 통일

아케메네스 왕조 페르시아는 아시리아의 통일 이후 다시 분열된 서아시아·북아프리카 지역을 재통일하는 위업을 달성했습니다. 포로로 잡혀 있던 유대인들을 고향으로 돌려보낸 **키루스 대왕***의 '포용 정책'에 이어, **다리우스 1세***의 강력한 '중앙집권적인 통치'로 페르시아 제국은 전성기를 맞이했습니다. 제국이 실시했던 속주屬州 제도와 총독 제도, 왕의 길, 문자와 화폐, 도량형 통일 등의 정책은 다른 제국들에도 영향을 끼치며 중앙집권적인 통치 체제의 본보기가 되었습니다.

★**키루스 대왕** 카루스 2세. 아케메네스 왕조의 창건자로 메디아와 신바빌로니아를 멸하여 페르시아 제국의 통일을 달성했다.

★**다리우스 1세** 페르시아의 왕. 마라톤 싸움에서 아테네에 패했다.

▼ 페르시아의 수도 페르세폴리스 전경

BC 509년   로마 공화정의 시작

전설에 의하면 BC 753년 로마를 세운 로물루스와 레무스 형제는 늑대 젖을 먹고 자랐다고 합니다. 이탈리아 반도의 작은 농업 국가에서 출발한 로마는 에트루리아인들이 지배하던 왕정을 무너뜨리고, 귀족들이 원로원을 중심으로 통치하는 공화정共和政을 시작했습니다. 이후 평민들의 투쟁으로 평민회가 성립되고, 평민의 대표인 호민관이 선출되어 원로원 결정에 대한 거부권을 행사했지요. BC 3세기에는 평민회의 결의만으로도 법적 효력이 발효되었습니다.

▲ 암늑대 동상. 로물루스와 레무스 형제를 젖 먹여 키웠다는 전설에 등장하는 암늑대의 동상으로, 로마의 카피톨리니 박물관에 전시돼 있다.

BC 508년 그리스, 도편 추방제 제정

그리스 아테네에는 독재를 휘두르는 참주들을 아테네에서 추방하기 위한 제도가 있었습니다. 이 제도를 제안한 사람은 시민들의 평등한 참정권 실현을 목표로 민주주의 개혁을 단행한 클레이스테네스입니다. 이 제도로 독재 위험 인물의 이름을 도자기 조각에 적는 투표가 실시되었고, 6,000표 이상을 얻은 사람은 아테네에서 10년간 추방되었습니다.

◀ 아테네의 정치가 클레이스테네스. 참주의 출현을 막기 위한 도편 추방제를 실시하여 민주정치의 기초를 닦았다지만, 그 자신도 도편 추방을 당한 바 있다.

BC 492년 그리스 · 페르시아 전쟁 발발

이 전쟁은 아케메네스 왕조 페르시아의 지배를 받던 밀레투스 등의 이오니아인들이 반기를 들자, 같은 그리스 도시국가인 아테네가 이들을 군사적으로 지원하면서 시작된 사건입니다. 이에 분노한 페르시아가 대군을 이끌고 세 차례나 침공했으나, 그리스는 아테네와 스파르타를 중심으로 단결하여 마라톤 전투와 **살라미스 해전***에서 혁혁한 승리를 거두며 페르시아를 물리쳤습니다.

★살라미스 해전 기원전 480년, 그리스 함대가 페르시아 함대를 살라미스 해협에서 맞아 격파한 전투. 아테네의 장군 테미스토클레스가 그리스 함대를 이끌었으며, 이 전투는 페르시아 전쟁에서 그리스가 승리하는 데 결정적인 계기가 되었다.

BC 431년 펠로폰네소스 전쟁 발발

그리스·페르시아 전쟁에서 승리한 아테네는 페르시아의 재침략에 대비하여 에게해 일대의 여러 도시국가와 해상 동맹을 맺고 '델로스 동맹'의 맹주가 되었습니다. 이 시기 아테네는 민주정치가 활짝 꽃을 피웠습니다. 원래 그리스에는 전쟁 전부터 스파르타가 맹주인 '펠로폰네소스 동맹'이 있었습니다. 그러나 아테네가 델로스 동맹의 기금을 파르테논 신전 건축에 사용하면서 갈등이 빚어졌고, 결국 두 동맹 간에 전쟁이 발발했으니, 이것이 바로 펠로폰네소스 전쟁입니다. 전쟁 중 아테네에 전염병이 돌아, 아테네를 이끌던 페리클레스는 물론 시민의 4분의 1이 희생되었고, 결국 전쟁은 스파르타의 승리로 끝났습니다.

▲ 파르테논 신전

▲ 페리클레스

알렉산드로스 대왕의 정복

분열된 그리스를 정복했던 마케도니아 왕국의 필리포스 2세가 암살되자, 스무 살이라는 젊은 나이로 왕위에 오른 알렉산드로스 대왕은 부왕의 뜻을 받들어 동방 원정에 나서게 되었습니다. 원정에 나선 지 10년 만에 페르시아 제국을 멸망시키고, 그리스에서 인도의 인더스강 유역에 이르는 대제국을 건설했습니다. 제국 내에서는 동서 문화가 융합된 헬레니즘 문화가 활짝 꽃피었습니다.

▶ 알렉산드로스 대왕

이소스 전투 발발

이소스 전투는 소아시아 남부 아나톨리아 반도에 있는 이소스 평원에서 알렉산드로스 대왕과 페르시아의 다리우스 3세가 맞붙은 전투입니다. 병력 면에서 보면, 페르시아 군대가 월등히 많았음에도 불구하고 페르시아는 치욕적인 참패를 당했고, 다리우스 3세는 황급히 도망을 치고 말았지요. 이소스 전투의 모습은 폼페이 벽화를 통해 후대에 생생히 전해졌습니다.

◀ 폼페이 벽화의
이소스 전투

인도 마우리아 왕조의 통일

알렉산드로스 대왕이 죽은 후 인도에서는 큰 변화가 일어났습니다. **찬드라굽타 마우리아**★가 그리스의 지배에 마침표를 찍고, 그 여세를 몰아 마가다 왕국의 영토와 인도 남부의 타밀 지역을 제외한 인도 대부분의 지역을 통일한 것입니다. 이것이 인도 역사상 최초의 통일 제국인 마우리아 왕조입니다. 마우리아 왕조는 제3대 아소카 왕 때 전성기를 맞이했습니다. 아소카 왕은 피비린내 나는 싸움 끝에 평화의 소중함을 깨닫고, **상좌부**上座部★ 불교를 포교하는 내용을 바위벽과 돌기둥 등에 새겨 제국의 곳곳에 세우기 시작했습니다. 또한 포교단을 동남아시아로 보내 상좌부 불교를 널리 전파하는 데 힘썼습니다.

★**찬드라굽타 마우리아** 인도 마우리아 왕조의 시조이자 아소카 왕의 조부. BC 305년에 인도 대부분을 통치하는 데 성공했다.

★**상좌부** 덕이 높은 승려들의 가르침을 따르는 불교이다. 석가모니가 죽은 후 100년쯤 되어 진보적인 대중부가 나타나자, 이에 맞서서 전통적인 교리를 지키려 했다.

포에니 전쟁 발발

'포에니'는 라틴어로 '페니키아인'을 뜻합니다. 이 전쟁은 이탈리아 반도를 통일한 로마가 지중해 해상권을 차지하기 위해, 페니키아인들이 세운 식민도시 카르타고Carthago와 100여 년에 걸쳐서 세 차례나 벌인 전쟁입니다. 제2차 포에니 전쟁 때는 카르타고의 장군 한니발이 코끼리 부대를 이끌고 눈 덮인 알프스를 넘어 로마 공격을 감행하기도 했습니다. 하지만 결과는 모두 로마의 승리였고, 현재 북아프리카 튀니지에 위치했던 카르타고는 로마 아프리카누스 장군의 이름을 따 '아프리카'라는 이름으로 로마의 속주가 되었습니다.

진의 시황제, 중국 통일

중국 역사상 최초로 자신을 스스로 '황제'라 칭했던 시황제는 이사李斯를 등용해 엄격한 법가로서 전국 시대를 통일하는 위업을 달성하였습니다. 시황제는 흉노족을 막기 위해 만리장성을 세웠고, 전국에 군현을 두어 직접 통치했으며, 문자, 도량형, 화폐는 물론 수레바퀴와 도로 폭까지 모두 통일했습니다. 그러나 만리장성 축조와 대규모 궁궐 공사 등에 백성을 강제 동원하는 강압 정치로 인해 진나라는 단 2대 만에 **진승·오광의 난*** 을 계기로 멸망의 길을 걸어갔습니다.

★진승·오광의 난 진나라 말기, 허난성의 빈농 출신인 진승이 오광과 함께 군사를 일으킨 농민 반란. 이듬해 진군에 의해 진압되었다.

▲ 진시황의 칙령에 따라 통일된 도량형에 대한 설명이 새겨진 추. 무게를 잴 때 저울 끝에 매달아 사용했으며 약 600g이다.

한 제국의 통일

진 이후 분열된 중국을 재통일한 나라가 한나라입니다. **유방*** 은 천하 제패를 놓고 초나라의 **항우*** 와 **초한전*** 을 벌인 끝에 항우를 물리치고 통일을 달성했습니다. 한나라는 무제 때 전성기를 맞이했습니다. 그는 한고조가 실시한 군국제 대신에 전국에 군현제를 시행했습니다. 영토 확장에도 힘써, 동으로는 고조선을 정복하고, 서로는 북쪽의 흉노를 막기 위해 장건을 대월지국에 파견하여 동맹을 모색했습니다. 장건은 '피땀을 흘리며 달려 명마인 한혈마를 얻겠다'는 일념으로 사막길(비단길)을 개척했습니다. 경제적으로는 소금과 철을 전매하고 물자의 균형을 맞추는 균수법과 물건값을 조정하는 평준법을 실시하여 물가를 안정시켰습니다. 또 동중서의 건의를 받아들여 유교를 통치 이념으로 채택했습니다. 그러나 한나라는 BC 8년 외척 왕망에 의해 멸망하고 '신新'이 세워져 15년간 지속되었습니다. 서기 25년, 한고조의 9대손인 광무제光武帝가 한을 재건하니 신 이전의 한을 전한前漢, 신 멸망 이후의 한을 후한後漢이라고 합니다.

★유방 중국 한나라의 초대 황제. 이름은 방, 묘호는 고조. 천하 통일 후 주나라 봉건제와 진나라 군현제를 절충한 군국제를 실시하였다.

★항우 중국 진나라 말기의 '서초패왕'을 자처한 장수로, 마지막 전투인 해하에서 유방과 한신에게 패해 자살했다.

★초한전楚漢戰 BC 206년에 시작된 초와 한의 전쟁으로, 한신이 심리전을 이용하여 승리하니 여기에서 탄생한 고사성어가 사면초가四面楚歌이다.

BC 194년 고조선, 위만 왕조의 수립

원래 연나라 왕의 부장(副長)이었던 위만은 연나라가 혼란에 빠지자 자신을 따르는 무리 1,000여 명과 함께 고조선으로 망명을 요청했습니다. 고조선의 준왕은 철제 무기와 농기구를 가지고 온 그를 신임했고, 국경의 수비를 맡겼습니다. 그러나 위만은 군사를 일으켜 왕검성으로 들어가 준왕을 내쫓고 스스로 왕이 되었습니다. 이때부터 고조선은 위만이 세운 왕조(위만조선)가 왕위를 계승하게 되었습니다.

BC 133년 로마, 그라쿠스 형제의 개혁

포에니 전쟁을 치르면서 로마는 경제적으로 위기에 처했습니다. 오랜 전쟁으로 **자영농**★은 몰락한 반면, 귀족들은 노예 노동을 이용한 **대농장**★을 확대하여 빈부 격차가 매우 커졌습니다. 이에 약 10년의 간격을 두고 호민관이 된 그라쿠스 형제는 토지를 농민들에게 재분배하고 곡물을 값싸게 공급하는 등의 개혁을 실시했습니다. 그러나 원로원의 강한 반대에 부딪혀, 형은 암살당하고 동생은 자결하는 비극적 최후를 맞이하며, 이들의 개혁은 결국 실패로 끝났습니다.

★**자영농** 자신의 소유인 땅에서 농사를 짓고 직접 경영하는 농민

★**대농장** 라틴어로 '라티푼디움'이라 한다. 고대 로마의 대토지 소유 제도로, 국유지를 귀족이나 재력가가 사유화하면서 형성되었다.

▲ 그라쿠스 형제

▲ 호민관이 되어 연설하는 가이우스 그라쿠스

BC 108년 고조선의 멸망

위만의 손자 우거왕은 한나라와 한반도 남부의 부족국가 사이의 중계 무역으로 막대한 이익을 챙겼습니다. 한무제는 흉노족을 견제하면서, 고조선의 중계 무역 활동을 문제 삼아 BC 109년에 고조선을 침공했습니다. 1년간 저항하던 고조선은 결국 멸망했고, 고조선 영토에는 낙랑군을 비롯한 한나라 군현이 세워졌으니 이것을 **한사군**(漢四郡)★이라고 합니다.

★**한사군** 중국 전한의 무제가 위만 조선을 멸망시키고 그 땅에 설치한 네 개의 행정구역으로, 낙랑군, 임둔군, 현도군, 진번군으로 구성된다.

BC 73년　스파르타쿠스의 반란

검투사들은 당시 로마 시민들의 향락을 위해 맹수나 동료와 목숨을 걸고 싸우는 경기를 했습니다. 로마 최고의 검투사였던 **스파르타쿠스**＊는 이러한 하루살이와 같은 삶을 더는 견딜 수가 없었습니다. 그는 70여 명의 동료와 함께 검투사 양성소를 탈출하여 난을 일으켰고, 노예들과 힘을 합쳐 한때 9만 명 규모의 대군단을 이루어 로마를 위협했습니다. 하지만 결국 진압되었고, 사로잡힌 6,000명의 검투사는 아피아 가도에서 처참하게 처형되었습니다.

★ **스파르타쿠스** 공화제 말기에 반란을 일으켰으나 정치가이자 장군인 크라수스에 패해 사망했다. 그가 이끈 폭동으로 로마의 통치 기반이 크게 약화되었다.

BC 57년　신라의 건국

고려 시대의 김부식이 편찬한 『삼국사기』에 의하면 고구려, 백제, 신라 삼국 중 가장 먼저 건국된 국가는 박혁거세가 세운 신라新羅라고 합니다. 삼한 중 진한에 속하는 사로斯盧라는 나라가 **경주평야**＊를 중심으로 형성되면서 신라의 모태가 되었습니다. 신라는 지리적으로 불리한 위치 때문에 삼국 중 가장 늦게 발전했지만, 건국은 가장 빨랐다고 할 수 있습니다.

★ **경주평야** 경북 형산강 상류에 있는 평야. 주요 곡창 지대이며, 특히 경주 쌀은 품질이 우수한 것으로 알려져 있다.

BC 37년　고구려의 건국

부여의 시조 해모수와 물의 신 하백의 딸인 유화 사이에서 태어났다고 전해지는 주몽이 바로 고구려高句麗를 세운 시조 동명성왕입니다. 알에서 깨어났다고도 알려져 있는데요. 그는 집에서 쫓겨난 유화 부인을 구해 준 동부여의 금와왕 아래에서 성장했지만, 곧 금와왕의 아들들에 의해 목숨이 위태로워졌습니다. 이에 주몽은 추격을 피해 **졸본**卒本＊마을로 내려와 고구려를 세웠습니다. 최근의 발굴 성과로 미뤄 봤을 때, 졸본성은 중국 요령성 환인현에 위치한 해발 820m의 오녀산성으로 추정됩니다.

★ **졸본** 유리왕 22년에 국내성으로 옮기기 전까지 고구려의 도읍이었다.

악티움 해전

카이사르의 연인으로 그의 아들까지 낳았던 이집트 여왕 클레오파트라 7세는 카이사르가 죽은 이후 자기 나라 이집트를 위해 새로운 유력자와 손을 잡았습니다. 카이사르의 부관이자 양자인 옥타비아누스와 함께 2차 **삼두정치***를 하고 있던 안토니우스입니다. 그러나 클레오파트라 7세와 안토니우스의 연합 함대는 악티움 해전에서 옥타비아누스가 이끄는 로마 함대에 패했고, 그녀는 자살로 생을 마감했습니다. 악티움 해전은 헬레니즘 시대의 종말과 로마 제정 시대의 개막을 알린 역사적 사건입니다.

★ **삼두정치** 한자 뜻 그대로, 세 명의 지도자가 동맹하여 민의나 법률에 제약을 받지 않고 개인들이 장악하는 전제정치. 폼페이우스, 크라수스, 카이사르에 의한 1차 삼두정치와 옥타비아누스, 안토니우스, 레피두스에 의한 2차 삼두정치가 대표적이다.

▲ 로마 공화정 시대의 은화에 새겨진 안토니우스와 클레오파트라

▲ 옥타비아누스 아우구스투스

로마 제정의 시작

악티움 해전에서 승리한 옥타비아누스는 로마의 제1시민이라는 '프린켑스 princeps'를 자처하며 원로원의 법과 결정을 존중하는 실질적 첫 황제가 되어 제정 시대를 열었습니다. 군단과 속주의 총독 임명권은 물론, 호민관의 권한까지 그의 손에 모두 들어갔습니다. 원로원은 그에게 '존엄한 자'라는 뜻의 '아우구스투스 Augustus'를 헌정했습니다. 그는 41년간 재위하면서 로마 제정 시대의 서막을 평화적으로 장식했고, 의붓아들인 티베리우스에게 제왕의 자리를 물려주었습니다.

백제의 건국

동부여에서 주몽의 아들 유리가 찾아오자, 주몽이 고구려를 건국하는 것을 물심양면으로 도왔던 왕후 소서노와 그녀의 두 아들 비류, 온조는 새로운 나라를 세우기 위해 남쪽으로 내려갑니다. 비류는 바닷가에 나라를 세웠지만, 현명한 온조는 한강 유역에 나라를 세웠습니다. 후에 비류가 세운 나라가 망하자 온조는 그 무리까지 받아들여 나라 이름을 백제百濟라 지었습니다.

예수의 탄생

기원전을 가리킬 때 사용하는 BC는 'Before Christ'의 약자로, 예수 탄생 이전 시대를 말하지만, 실제로 예수의 탄생은 BC 4년경으로 추정됩니다. 예수의 고향은 유대인의 거주지였던 갈릴리 지방의 나사렛이라고 알려져 있습니다. 예수라는 이름은 '야훼가 구원할 것이다'라는 뜻이며, 그 뒤에 흔히 붙는 그리스도는 '기름 부음을 받은 자'라는 뜻입니다.

다양한 민족과 넓은 영토를 다스리기 위해서 필요한 것들

이 시기 세계 여러 지역에서는 정복 전쟁이 활발히 일어나, 강력한 군사력으로 광범위한 지역을 제압한 통일 제국들이 등장했습니다. 흥미롭게도 이들 제국은 광대한 영토와 다양한 민족을 통합하는 방식에서 놀라울 만큼 유사한 통치 구조를 보여 줍니다.

특히 서아시아의 통일 제국인 아케메네스 왕조 페르시아가 추구한 통치 방식은, 이후 등장한 여러 통일 제국들의 지배 방식에 큰 영향을 끼쳤습니다. 또한 통일 제국의 형성은 세계 종교의 확산에도 중요한 역할을 하였습니다. 통일 제국들은 넓은 영토와 다양한 민족을 하나로 통합하기 위해 종교의 힘을 적극적으로 활용하였으며, 이 과정에서 여러 종교가 성립되고 퍼져 나갔습니다. 특히 조로아스터교와 같은 고대 고등 종교가 이러한 통치와 사상적 기반에 큰 영향을 끼쳤습니다.

또한, 통일 제국들은 건국 신화를 창안해 통치의 정당성을 확보하고자 하였습니다. 이를 통해 건국자는 일반인과 구별되는 '하늘의 아들'로 묘사되었고, 이러한 전통은 세계 여러 제국뿐만 아니라 우리나라 삼국의 건국 신화에서도 공통적으로 나타납니다.

이제부터 고대 통일 제국의 성립 과정과 이와 관련된 건국 신화에 대해 자세히 살펴보겠습니다.

통일 제국들의 통치 방식이 궁금하다!

고대 통일 제국들의 통치 방식에는 뚜렷한 공통점이 있었습니다. 우선, 제국을 효율적으로 다스리기 위해 강력한 군대와 상비군, 행정조직 등을 갖추고 있었지요. 또한 대규모 토목공사를 벌여서 경제를 활성화하고, 제국을 관통하는 도로망을 구축하여 중앙에서 제국 전체를 통제할 수 있는 시스템을 마련했습니다. 특히 BC 6세기에 세워진 페르시아 제국의 통치 방식은 이후 성립된 다른 통일 제국의 통치 방식에 많은 영향을 주기도 했습니다. 페르시아에는 '불멸의 군대'로 불리는 최고의 사수병으로 구성된 만인대라는 군대가 있었는데, 이들의 활은 최대 사정거리가 약 162m에 달했습니다.

마우리아 제국의 제3대 아소카 왕은 9,000여 마리의 코끼리와 1만 대의 전차를 갖추고 있었으며 10만 명의 상비군을 두고 있었습니다. 사르나트에 세워진 높이 10m나 되는 거대한 아소카 석주에는 그의 칙령이 새겨져 있고, 꼭대기에는 왕권을 상징하는 사자와 불법을 상징하는 수레바퀴가 장식되어 있습니다.

중국의 진나라 시황제는 70만 명을 동원하여 흉노족을 막기 위해 만리장성을 축조했고, 수도를 중심으로 전국적인 도로망과 운하망을 건설했습니다. 또한 문자, 도량형, 화폐를 통일하여 제국을 중

앙에서 통제하고 다스렸습니다. 한
나라는 주의 봉건제도와 진의 군현
제를 절충한 군국제를 실시했고, 약
13만 명에 이르는 관료 조직을 갖추
었습니다.

특히 페르시아 제국의 다리우스
1세는 전국을 20개의 사트라피(속주)로 재편했고, 각 지역에 총독을 파견하여
공물과 세금을 거둬들였습니다. 동시에 각 주에는 '왕의 눈'과 '왕의 귀'라 불
리는 감시관을 두어 왕에게 충성을 다하는지를 확인했습니다. 다리우스 대왕
때 놓인 '왕의 길'은 그 길이만 해도 총 2,698km에 달했으며, 평상시에는 상
업이나 행정 도로로 이용되다가 전쟁이 일어나면 전쟁 물자 수송용으로 사용
되었습니다.

정책과 종교는 바늘과 실!

BC 6세기는 세계 종교사에서 불꽃처럼 빛난 시기였습니다. 중국
에서는 유교와 도교의 창시자인 공자와 노자가 활동했고, 페르시아에서는 조
로아스터교를 창시한 조로아스터가 활동했으며, 인도에서는 마하비라가 비폭
력과 금욕을 주장하는 자이나교를 일으켰습니다. 그뿐만 아니라 인도에서는
고타마 시타르타에 의해 자비와 평등을 기본 이념으로 하는 불교가 탄생하기
도 했습니다.

이처럼 고대 초기 제국들과 종교는 동맹 관계를 이루었습니다. 제국들은 사
상을 통일하고 백성을 결속시키기 위해 국가 차원에서 종교를 장려하고 전파

했습니다.

조로아스터가 창시했으며, 불을 신격화하고 숭배하여 배화교拜火敎라고도 불리는 조로아스터교는 페르시아 제국의 국교로서 제국 내에 깊이 뿌리를 내리고 전파되었습니다. 특히 선과 악의 신을 믿고 천국과 지옥, 최후의 심판과 구세주의 개념을 강조했는데, 이는 유대교, 크리스트교, 마니교, 미트라교 등 이후 종교에 큰 영향을 주었습니다.

마우리아 왕조의 아소카 왕은 인도의 아리아인들이 믿는 힌두교의 사제 집단인 브라만(승려)을 최고 신분으로 하는 카스트 제도가 결국 통일 제국의 발전을 막는 걸림돌이 되자 평등의 이념을 전파하기 위해 불교를 적극 장려했습니다. 그의 영향으로 불교가 실론(현재의 스리랑카)을 비롯한 동남아시아에 널리 퍼져 나갔습니다. 중국에서는 유교가 한漢 제국의 국교가 되면서 동북아시아의 대표적인 종교·사상 체계로 자리 잡았습니다.

박혁거세는 왜 박혁거세일까?

박혁거세는 신라를 세운 시조입니다. 알에서 태어난 그가 박씨가 된 데에는 특이한 사연이 있습니다. 여러 가지 학설이 있지만, 대표적인 것은 그가 '밝은' 알 에서 태어나 '밝' 씨였는데 ㄹ이 탈락되면서 '박' 씨가 되었다는 겁니다.

'알에서 태어났다'는 신화적 이야기는 우리나라 건국 신화에서 빠지지 않는 요소입니다. 고구려 시조 주몽도, 가야의 시조 김수로도 모두 알에서 태어났다고 전해집니다. 물론 박혁거세도 마찬가지고요. 사실 이는 옛날 사람들이 하늘을 날아다니는 새를 신성시했기 때문입니다. 알에서 태어났다는 것은 하늘의

위대한 자손임을 상징하며, 오색찬란한 빛이 알 주변을 비추었다는 전설은 태양신의 자손임을 강조하는 의미입니다. 박혁거세의 탄생 설화도 흥미롭습니다. 말의 울음소리를 따라 달려간 사람들이 양산 밑 나정 우물 근처에서 큰 알과 눈부신 빛을 발견했고, 그 안에서 박혁거세가 태어났습니다. 이름 '혁거세'는 세상을 밝히다라는 뜻으로, 찬란한 빛 속에서 태어난 그가 훗날 밝은 세상을 이룰 것을 기원한 이름입니다. 특히 신라인들은 오직 박혁거세만을 '거서간居西干*'으로 부르며 웃어른으로 높이 받들었습니다.

★거서간 박혁거세의 왕호. 진한辰韓의 말로 왕 또는 귀인을 뜻한다.

소크라테스가 마지막으로 남긴 진짜 말!

소크라테스는 "너 자신을 알라"라는 유명한 말을 남긴 그리스의 위대한 철학자입니다. 그러나 그는 아테네 법정에서 청년들을 현혹한다는 이유로 **소피스트***로 몰려, 결국 독배를 마시고 처형되었습니다. 제자들이 소크라테스에게 도망가기를 청했지만 그는 제자들에게 "악법도 법이다"라는 말을 남긴 채 독배를 마시고 결국 쓸쓸히 죽었다는 이야기는 이미 널리 알려져 있습니다.

그런데 사실 소크라테스는 그런 말을 남긴 적이 없습니다. 그의 마지막 말은, 자신을 몰래 탈출시키려 했던 친구 크리톤에게 전한 한마디였습니다.

"크리톤이여, 우리는 **이스쿨라피우스***에게 수탉 한 마리를 공양해야 하네. 잊지 말고 꼭 해주기 바라네."

이 내용은 『소크라테스의 변명』으로 유명한 플라톤의 또 다른 명저 『파이돈Phaidon』에 기록되어 있습니다. 아테네의 감옥에서 죽음을 맞이한 소크라테스와의 마지막 대화를 담은 이 책을 통해, 그가 죽음을 앞두고도 의무와 신념, 삶의 질서를 존중하고자 했음을 엿볼 수 있습니다.

★**소피스트** 주로 아테네의 자유민으로서 교양이나 학예, 특히 변론술을 가르치는 일을 직업으로 삼던 사람들을 이르는 말. 후기에는 자기의 이익을 위하여 변론술을 악용하는 경향이 있었기 때문에 궤변가를 뜻하게 되었다.

★**이스쿨라피우스** 원어는 Asclepius로 의술의 신을 말한다. 그는 죽은 사람도 살릴 수 있는 의술을 지닌 것으로 전해진다.

사마천, 치욕적인 형벌을 이겨내고 집필에 전념하다

궁형은 중국 고대 시대에 시행되던 잔인한 형벌로, 죄인의 생식기를 제거하여 중성화시키는 처벌이었습니다. 남성은 생식기를 거세하고, 여성은 질을 봉합해 자손을 낳을 수 없게 했기 때문에, 이 형벌은 사형에 버금가는 극형으로 여겨졌습니다.

부친의 유지를 받들어 태사령의 신분으로 『사기』를 저술하고 있던 한나라의 역사가 사마천은 BC 98년, 이 무시무시한 형벌을 받았습니다. 흉노족과 싸우다가 포위를 당하고 투항한 이릉李陵이라는 장수를 옹호하다가 한나라 무제의 노여움을 샀기 때문이었습니다. 원래 사형이 떨어졌지만, 그는 그대로 목숨을 잃을 수 없었습니다. 『사기』를 완성해야 한다는 신념 때문이었습니다. 결국 황제에게 간청해 궁형으로 감형을 받았지만 사대부로서 참으로 치욕적인 형벌이었습니다. 수염이 사라지고 목소리는 가늘어지고 허리가 굽어지며 중성화되어 가는 자신의 모습을 바라보면서도 사마천은 수치심을 가슴으로 꾹 눌러 삼키며 오로지 저술에만 몰두했습니다. 치욕을 이겨내고 집필에 전념한 결과, 마침내 세상에 위용을 드러낸 위대한 '사서史書'가 중국과 그 주변 민족의 역사를 아우른 『사기』입니다.

그가 지인에게 보냈던 편지에서 당시 참담한 심정과 불굴의 의지를 엿볼 수 있습니다.

"극형을 받으면서도 태연하게 부끄러운 빛조차 띠지 않았던 것은 이 저술을 미완성으로 끝내고 싶지 않았기 때문입니다. 만약 이 책을 완성하여 많은 사람에게 전달할 수만 있다면, 저의 수치스러움도 충분히 씻어낼 수 있다고 생각했습니다."

▲ 『사기』를 완성한 사마천

연상의 여인에게 도움을 받아
고구려를 세운 주몽

　　주몽이 동부여 왕자들의 시기를 받아 목숨이 위태로워지자 어머니 유화 부인은 여기서 떠날 것을 권유합니다. 주몽은 어머니의 뜻대로 오이, 마리, 협보 등의 친구들과 함께 동부여를 탈출했고, 왕자들의 추격을 엄체수에서 따돌리고 압록강 지류인 동가강 유역에 도착했습니다. 그곳에는 이미 연타발이라는 유력자가 세력을 이루고 있었는데, 소서노는 그의 하나뿐인 딸이었습니다. 당시 그녀는 주몽보다 여덟 살가량 연상이었으며 죽은 남편인 우태 사이에서 낳은 아들도 둘이나 있었습니다.

　　그러나 소서노는 사람 보는 눈이 비범하여, 주몽의 영웅적 기개를 단번에 꿰뚫어 보았습니다. 주몽은 빈털터리 신세였으나, 용기와 결단력만큼은 누구보다 뛰어난 인물이었습니다. 소서노에게 주몽은 자신이 가진 재력과 가문의 기반을 실질적인 국가 건설로 이어줄 수 있는 인물이었고, 주몽에게 소서노는 군사적 능력을 발휘할 무대와 정치적 정당성을 제공해 줄 수 있는 존재였습니다. 서로를 알아본 두 사람은 정략적으로 결혼을 했고, 주몽은 연타발의 새 사위이자 졸본 지역의 새로운 지도자가 되어 고구려를 건국하기에 이르렀습니다. 건국 이후에도 주몽이 온갖 어려움을 극복하고 나라를 반석 위에 올려놓을 수 있었던 것은, 그보다 경륜이 깊고 인생 경험이 풍부했던 소서노의 헌신적인 내조 덕분이었다고 할 수 있습니다.

세계사
한국사
3년
유리왕, 국내성으로 천도
8년
왕망, 신 건국
25년
후한의 건국
42년
김수로왕, 금관가야 건국
45년
인도 쿠샨 왕조의 성립
53년
고구려, 동옥저 정복
96년
로마 5현제 시대 개막

3장

한 제국과 로마 제국이
세계 제국으로 발전해 가다

1세기에 이르러 동양과 서양을 대표하는 대제국이 세계를 지배하고 있었습니다. 바로 중국의 한 제국과 로마 제국입니다. 중국에서는 한나라의 신하 왕망이 쿠데타를 일으켜 국호를 신新(AD 8년~23년)이라고 하였다가, 신이 멸망한 후 한의 황실을 계승한 광무제가 후한後漢(AD 25년~220년)을 세웠습니다. 이로써 한나라는 전한前漢(BC 202년~AD 8년)과 후한으로 구분됩니다. 한편, 로마 제국은 아우구스투스가 제정을 수립한 이후, 네르바에서 시작하여 마르쿠스 아우렐리우스에 이르는 '5현제五賢帝'의 치세 동안 약 200년간 '팍스 로마나Pax Romana'라 불리는 평화와 번영의 시대를 누렸습니다. 같은 시기 인도에서는 쿠샨 왕조가 성립되어 대승불교를 장려했고, 그 영향을 받아 불교는 동북아시아를 거쳐 중국으로 전파되었습니다.

우리나라에서는 삼국 중 고구려가 수도를 국내성으로 옮기고, 동북아시아 여러 세력과 전쟁을 벌이며 세력을 확대해 나가고 있었습니다.

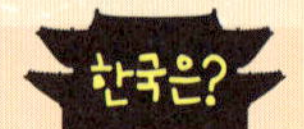

3년 유리왕, 국내성으로 천도

『삼국사기』에 따르면, 고구려 제2대 왕인 유리왕 22년에 고구려는 초대 왕 주몽이 도읍했던 졸본성을 떠나 국내성으로 **천도**遷都★했다고 기록되어 있습니다. 국내성의 위치는 현재 중국 지린성吉林省 지안集安에 있습니다. 지안에서 서북쪽으로 약 2.5km 지점에 위치한 환도산성은 적군이 쳐들어왔을 때 왕과 백성들이 피신하여 방어하던 요새로 추정됩니다.

★천도 한 나라의 도읍(수도)을 옮기는 일

8년 왕망의 신 건국

전한의 정치가 왕망을 흔히 '찬탈자篡奪者'라고 합니다. '황제 자리를 가로챈 사람'이라는 뜻이지요. 그는 고모인 왕정 태후의 힘을 업고 **섭정**★이 된 후 어린 평제를 장악하다가 결국 평제가 요절하자, 두 살밖에 안 된 **유영**★을 황제로 세우고 섭황제가 되었습니다. 그러나 그것에 만족하지 못한 그는 교묘한 술수로 민심을 흔들었고, 마침내 영제를 폐위한 뒤 스스로 황제가 되어 나라 이름을 '신新'이라고 하였습니다.

★섭정 군주가 나이가 어리거나 병약하여 직접 통치할 수 없을 때, 대신 나라를 다스리는 일 또는 그 임무를 맡은 사람을 일컫는다.

★유영 중국 전한의 10대 황제 선제의 고손자

25년 후한의 건국

중국의 한나라는 왕망이 멸망시켰던 '전한'과 왕망을 몰아내고 한나라를 재건한 '후한'으로 나뉩니다. 신나라 말기, 전국에서 반란이 일어나 혼란해지자, 한나라 고조 유방의 9세손인 유수는 군대를 일으켜 왕망을 몰아내고 뤄양을 도읍으로 정해 즉위하였습니다. 그는 광무제가 되어 후한 시대를 열었습니다.

◀ 광무제

42년 김수로왕, 금관가야 건국

중앙집권 국가를 이루지 못해 삼국에 들어가지는 못하지만, 가야는 찬란한 문화를 이룩한 나라입니다. 금관가야는 가야 연맹의 **맹주국**★이었습니다. 가야의 건국 신화에 의하면, 구지봉에서 수백 명이 올라가 노래를 부르니 하늘에서 금빛 상자가 내려왔고 그 속에 들어 있던 금빛 찬란한 여섯 개의 알 중에서 가장 먼저 알을 깨고 탄생한 아이가 **수로왕**★이었다고 전해집니다.

★맹주국 일정한 지역이나 관련이 있는 여러 나라 중에서 우두머리가 되는 국가

★수로왕 가야의 시조. 6가야를 세웠다는 여섯 형제의 맏이로, 김해 김씨의 시조이기도 하다.

▼ 수로왕릉

45년 인도 쿠샨 왕조의 성립

쿠샨 왕조를 세운 사람들은 대월지국의 후예들이었습니다. 대월지국은 비단길의 중개무역으로 번영을 누리던 박트리아를 점령한 후, 다섯 개의 소국으로 분열되었습니다. 그중 쿠샨 왕조를 세운 쿠줄라 카드피세스가 소국들을 통일한 후, 인도 북서부와 아프가니스탄, 중앙아시아 일부를 포함하는 대제국을 건설했습니다.

53년 고구려, 동옥저 정복

옥저(沃沮)는 한반도 동북부 해안 지역에 거주하던 종족 집단으로, 함경도 함흥 일대의 동옥저와 두만강 하류 일대의 북옥저로 구분됩니다. 그중 동옥저는 고구려 태조왕 때 정복되어 복속되었습니다.

96년 로마 5현제 시대 개막

로마 5현제 시대란, 로마의 가장 현명한 다섯 황제인 네르바, 트라야누스, 하드리아누스, 안토니누스 피우스, 마르쿠스 아우렐리우스가 통치했던 96년부터 180년까지의 기간을 말합니다.

로마 제정 초기부터 5현제 시대까지의 약 200년간은, 로마 역사상 가장 평화롭고 안정된 시기로, 이를 '팍스 로마나(Pax Romana, 로마의 평화)'라고 부릅니다. 이들 황제는 친아들이 아닌 원로원 귀족 중 가장 유능한 인물을 양자로 삼아 황위를 계승하게 했으며, 그 결과 로마의 영토는 역사상 가장 넓은 범위에 이르게 되었습니다. 특히 마지막 황제 마르쿠스 아우렐리우스는 스토아학파 철학자이기도 했으며, 그가 남긴 『명상록』*은 오늘날까지도 많은 이들의 사랑을 받고 있습니다.

▲ 마르쿠스 아우렐리우스

▲ 안토니누스 피우스

★『명상록』 전 12권. 로마의 황제이자 철학자인 마르쿠스 아우렐리우스가 지은 책. 육체적 욕망을 자제하고 불굴의 의지로 역할에 충실하자는 스토아적 도덕성을 주장했다.

▲ 네르바

▲ 트라야누스

▲ 하드리아누스

역사를 거스른 자들의 최후는?

역사는 끊임없이 발전해 왔습니다. 그러나 동서양을 막론하고, 역사의 발전 방향을 깨닫지 못하고 자기 마음대로 시대를 거슬러 역행하려는 통치자들이 있었습니다. 그들의 독선적이고 무모한 통치 방식은 수많은 사람에게 상처를 주고, 많은 희생을 낳았습니다.

처음에는 피지배층이 통치자에게 순종하며 원하는 것을 아낌없이 바치지만, 상식을 뒤엎는 어리석은 통치 행위가 계속되면 불만은 서서히 쌓여 갑니다. 그 불만이 산처럼 쌓이면, 피지배층은 마치 불붙은 화약처럼 일어나 모두 힘을 합쳐 어제까지 하늘처럼 받들던 통치자를 무너뜨리기 위해 전력을 다합니다.

그 결과는 어떨까요? 동양이든 서양이든, 피지배층의 마음을 거스르고 강압적으로 통치한 통치자들은 결국 권좌에서 쫓겨나 비참한 최후를 맞이했습니다.

이번 장에서는 같은 시기 동서양에서 백성의 뜻을 전혀 읽지 못했던 대표적인 어리석은 통치자들의 행적과 그 말로를 살펴보겠습니다.

폭군 네로 황제의 로마 방화에 대한 진실

네로 황제(재위 54년~68년)는 로마 제국의 5대 황제입니다. 초기에는 선정을 베풀었으나 점차 폭군으로 변모했습니다. 어머니인 아그리피나를 독살했고, 의붓동생이자 아내인 옥타비아 황후도 죽였습니다. 그의 스승은 로마의 유명한 철학가이자 비극작가였던 **세네카**[*]였는데, 이후 스승의 영향으로 그리스 예술과 문학, 연극에 깊은 관심을 갖게 되었습니다.

▲ 네로 황제가 재위 초기에 선정을 베푼 모습을 새긴 동전

★**세네카** 에스파냐 태생의 스토아학파 철학자로, 네로의 스승이 되었지만 후에 반역의 혐의를 받고 자결했다.

★**타키투스** 뛰어난 변론술로 공화정을 찬미하고, 로마 제국 초기의 역사를 서술했다.

재위 초기에는 가난한 사람들을 위해 세금을 감면해 주고, 주인에게 부당한 대우를 받는 노예들의 민사 재판을 허용하며, 사형을 전면적으로 금하는 등 선정을 베풀었습니다. 그러나 시간이 지나면서 자신을 예술인으로 생각한 나머지 비상식적인 행위를 거듭했고, 사치와 방탕에 빠져 폭군으로 전락했습니다.

보통 네로 황제는 64년에 일어난 '로마 대화재'를 일으킨 사람으로 알려져 있습니다. 그러나 네로가 폭군이기는 하나, 그것은 역사적 사실이 아닙니다. 로마 대화재는 6일 밤낮을 타면서 로마의 4분의 1을 불바다로 만들었던 사건인데, 로마의 역사가 **타키투스**[*]에 의하면 네로 황제는 당

시 로마에서 약 80km 정도 거리에 있는 안티움의 별장에 있었다고 합니다. 또 화재 소식을 듣자마자 달려와 화재 진압과 뒷수습에 노력했다는 기록이 남아 있습니다. 네로는 화재로 흉흉해진 민심을 다른 곳으로 돌리기 위해 크리스트교도들에게 책임을 전가했습니다. 이 과정에서 사도 **베드로***와 사도 **바울***이 순교했고, 신자들은 털옷을 입혀 들개에게 던져지거나 십자가에 매달린 뒤 불에 태워지는 등 잔인한 박해를 받았습니다.

사실 네로 황제가 '로마 대화재'를 일으킨 주동자로 지목된 이유는 화재 이후 로마 시내의 3분의 1에 해당하는 땅을 강제로 매입, 호화 찬란한 황금 궁전(도무스 아우레아)을 지었기 때문입니다. 결국 시민들의 큰 원성과 내전으로 인한 혼란 속에서, 네로는 31세라는 젊은 나이에 스스로 목숨을 끊었습니다.

★베드로 12사도 중 한 사람. 그중 수제자로서 원래 이름은 시몬이고, 어부 출신이다. 네로 황제의 박해로 로마에서 거꾸로 매달린 채 십자가에 못 박혀 순교했다고 전해진다. 바티칸의 성 베드로 대성당 아래에 그의 무덤이 있다. 가톨릭 교회에서는 사도 바울과 같은 날짜인 6월 29일을 베드로의 축일로 기념하고 있다.

★바울 크리스트고 최초로 이방인에게 복음을 전한 전도자. 로마 시민이며, 당시 존경받던 율법학자 가말리엘에게 정통적인 율법 교육을 받았다. 원래는 크리스트교도들을 박해했었으나, 신앙을 받아들인 후 전 생애를 전도에 힘썼고 각지에 교회를 세웠다.

▲ 네로 황제가 사용했던 욕조

역사를 뒤집은 자, 왕망의 말로

황제의 장인이었지만 만족하지 못했던 왕망은 스스로 황제가 되기 위해 여러 가지 술수를 썼습니다. 붉은 글자가 쓰인 흰 돌이 나타나게 하거나, 천재지변을 이용해 왕씨가 황제로 추대되는 것이 하늘의 뜻인 것처럼 여론을 조성했습니다. 그는 군신들의 추천을 여러 번 거절하는 척하며 시간을 끌다가, 마침내 **선양***의 형식을 빌려 황제 자리에 올랐습니다.

★**선양** 양위讓位. 황제 자리를 물려주는 것

한나라를 멸망시킨 그는 역사를 뒤집은 대표적인 통치자입니다. 유교적 이상 정치를 꿈꾸며 모든 국토를 왕의 땅으로 삼고 귀족들의 토지 소유를 제한했으며 노비의 매매도 금지했습니다. 또한 화폐와 도량형을 개혁하고 소금, 철, 술 등을 국유화했습니다. 이러한 그를 개혁가로 평가하는 역사학자도 있지만, 급진적인 그의 개혁은 실패로 끝났고 흉년에 이어 전염병까지 퍼지면서 백성들은 큰 고통에 빠졌습니다.

결국 전국 각지에서 민란이 끊이지 않았는데, 대표적인 것이 **적미**赤眉**의 난***입니다. 반란군은 눈썹을 붉게 물들여 표식으로 삼았는데, 그 숫자는 점차 늘어나 약 30만 명에 달했습니다.

다. 곳곳에서 일어난 반란군들은 결국 왕망이 있는 황궁까지 쳐들어왔습니다. 왕망은 자줏빛 황제 옷을 입고 손에 인장을 쥔 채, 신의 뜻으로 반란군을 물리칠 것이라고 자신했지만, 결국 1,000여 명의 무리들과 함께 반란군에게 비참한 최후를 맞이했습니다.

고구려 모본왕이 피살된 이유는?

고구려 5대 임금인 모본왕은 부러진 단검을 들고 아버지인 주몽을 찾아가 극적으로 왕위에 오른 2대 임금 유리왕의 손자이자 3대 임금 대무신왕의 아들입니다. 그의 아버지인 대무신왕은 고구려의 국력을 아주 크게 확장시켰던 인물로 잘 알려져 있습니다.

『삼국사기』의 대무신왕 **본기**本紀*****에는 그 유명한 '낙랑공주와 호동왕자'의 설화가 실려 있습

니다. 역사학자들은 낙랑군이 실제로 쫓겨난 시기를 313년 미천왕 때로 보고 있습니다. 하지만 설화가 대무신왕 때 기록되었다는 사실은 당시 한사군에 맞서 영토 확장 작업이 활발히 진행되었음을 보여 줍니다.

그러나 모본왕은 아버지와 달리 나라를 돌보는 데 관심이 없었고, 성품이 사

나워 무고한 사람들을 벌하거나 죽이는 일이 잦았습니다. 백성들의 생활은 날로 어려워졌고, 원성은 하늘을 찌를 듯 높아졌습니다. 결국 그가 재위한 지 고작 6년 만에, 신하이자 모본 지역 출신인 두로에 의해 피살되어 비극적으로 생을 마쳤습니다.

선대에 나라가 경제적·군사적으로 안정적이었음에도, 후대에 이르러 역사의 발전을 그르친다면 결국 국가와 백성 모두 큰 피해를 입게 됨을 보여 주는 사례입니다.

콜로세움에 배어 있는 검투사의 피눈물과 한숨

콜로세움은 로마 시대 검투사들의 경기가 열렸던 원형경기장입니다. 그 높이만도 48m나 되고 직경의 최대 길이는 188m, 타원형인 4층 건물의 둘레는 527m에 이릅니다. 로마는 자기들이 정복한 속주에서 포로를 잡아와 그중 체격이 우람한 자를 선발하여 검투사로 만들거나 때로는 반란을 일으킨 죄수들에게 목숨을 담보로 맹수들과 싸움을 벌이게 했습니다. 로마 시민들은 마치 스포츠 경기를 보듯 이러한 경기를 흥미롭게 지켜봤습니다. 검투사들은 살기 위해 상대편이나 맹수의 목숨을 빼앗아야 했고, 이를 통해 겨우 하루를 더 살아갈 수 있었습니다. 약 5만 명이 수용되는 콜로세움에서 로마 황제와 귀족들이 함성을 지르며 즐기는 동안, 검투사들은 피눈물을 흘리며 삶을 이어갔습니다. 만약 시합에서 져서 황제의 엄지손가락이 땅을 가리킨다면, 설사 살아남았다 하더라도 죽음을 면할 수 없었습니다.

크리스트교 박해 기간에는 어린이, 여성, 노인까지도 굶주린 사자 앞에 던져졌으며, 수만 명이 지켜보는 가운데 맹수에 의해 찢겨 죽는 공포와 고통을 겪어야 했습니다.

콜로세움의 원래 이름은 '플라비아누스 왕조 원형경기장'이었습니다. AD 70년경, 플라비아누스 왕조의 베스파시아누스 황제가 네로 황제의 황금 궁전 자리에 원형경기장 건설을 명령했기 때문이지요. '콜로세움'이라는 명칭은 중세 말부터 불리기 시작했는데, 경기장 옆에 세워진 네로 황제의 거대한 석상인 콜로서스colossus에서 유래했습니다.

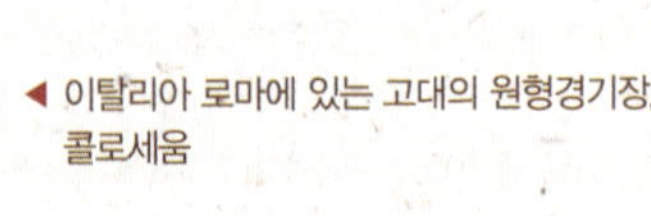

◀ 이탈리아 로마에 있는 고대의 원형경기장, 콜로세움

산 사람을 그대로! 부여의 무서운 장례법

　순장이란, 왕과 같이 권력 있는 사람이 죽었을 때, 산 사람을 함께 묻어 생매장을 하는 장례 풍습을 말합니다. 이러한 풍습은 비단 우리나라뿐만 아니라 고대 사회 전 세계적으로 나타났습니다. 당시 사람들은 사람이 죽어도 평소의 생활을 계속한다고 믿었기 때문에, 왕후나 첩, 몸종 등을 함께 묻은 것입니다. 고조선이 멸망한 뒤, 만주 쑹화강 유역에서 발전한 초기 국가 부여에서는 무려 100여 명의 사람을 함께 장사 지냈습니다. 순장은 삼국 시대까지 행해져 황남대총 같은 신라의 고분에서는 주인 격인 60대 남자 곁에 20대 여성의 것으로 추정되는 순장자의 유골이 발견되기도 했습니다. 가야에서도 상당히 오랜 기간 동안 순장이 행해졌는데, 주인을 지켜 주기 위해 무장을 한 여전사들이 함께 묻히기도 했습니다. 『삼국사기』에 따르면, 신라 지증왕 때 이르러 순장을 법적으로 금했다고 합니다.

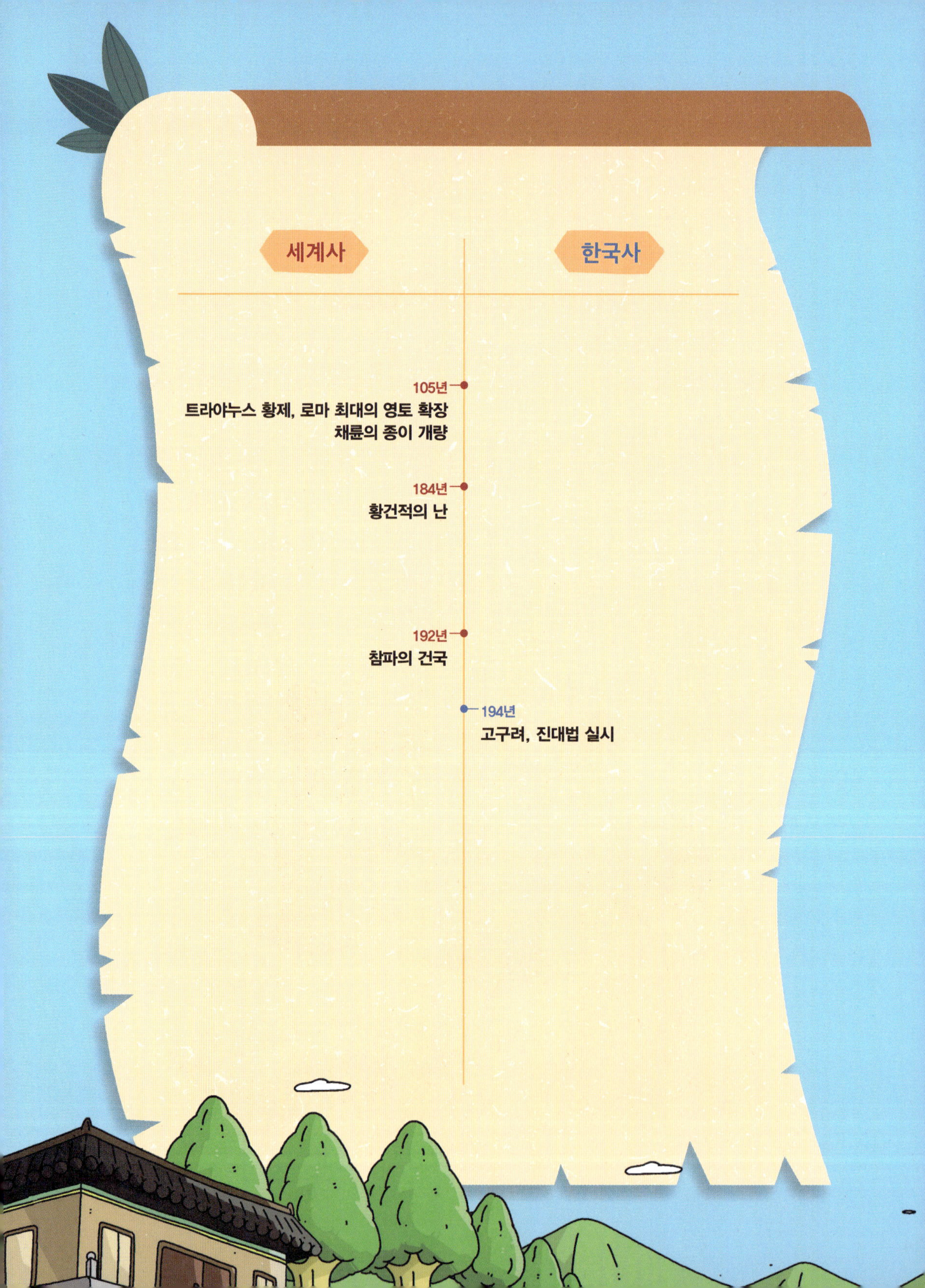

세계사
한국사
105년
트라야누스 황제, 로마 최대의 영토 확장
채륜의 종이 개량
184년
황건적의 난
192년
참파의 건국
194년
고구려, 진대법 실시

4장

후한이 점점 기울고
로마는 최대 영역을 확보하다

2세기 말, 중국의 후한은 어려운 시기를 맞고 있었습니다. 중앙에서는 환관과 외척이 왕권을 위협했고, 지방에서는 호족에 의한 대토지 소유제가 실시되면서 백성들이 큰 고통을 겪었습니다. 이러한 혼란 속에서 일어난 대표적인 반란이 바로 황건적의 난입니다.

같은 시기, 로마에서는 '로마 역사상 가장 현명한 다섯 황제'로 불리는 5현제가 통치하며 팍스 로마나 시대가 이어지고 있었습니다. 이 시기에 로마는 최대 영토를 확보했고, 게르만족의 남하를 막기 위해 국경에 장성을 쌓았습니다.

우리나라에서는 삼국 시대가 계속되었습니다. 2세기 가장 두드러진 업적을 남긴 임금은 고구려의 고국천왕입니다. 그는 종래의 5부족제를 국왕 중심의 5부제로 개편하여 중앙집권을 강화했고, 국상國相 을파소의 건의를 받아들여 진대법을 실시함으로써 민생을 안정시켰습니다.

105년 — 트라야누스 황제, 로마 최대의 영토 확장

트라야누스Trajan 황제는 로마 5현제 중 한 사람입니다. 그는 로마의 영토를 역사상 최대 규모로 확장시킨 인물입니다. 지금의 루마니아 지역인 다키아 속주를 정복했고, 파르티아를 공격하여 메소포타미아 지역을 차지했으며, 페르시아만까지 영역을 넓혔습니다.

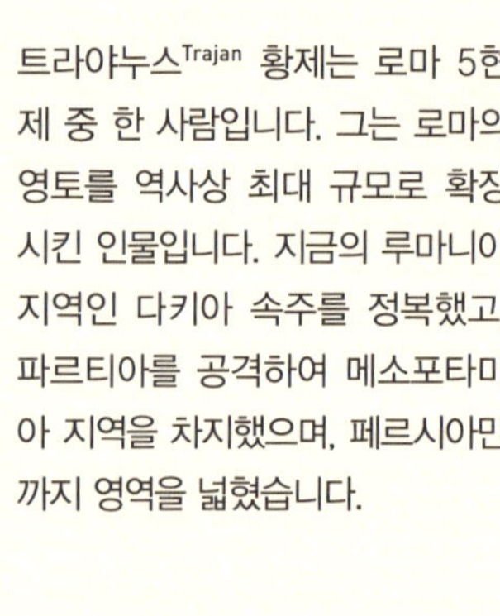

◀ 트라야누스 원주. 113년 로마에 세워졌다. 중세 때 수난을 당하여 원주 꼭대기의 트라야누스 청동상이 성 베드로 상으로 교체되었다.

105년 — 채륜의 종이 개량

종이가 없던 시대에는 글을 어디에 썼을까요? 이집트에서는 파피루스에, 중국에서는 **죽간**★에 썼습니다. 얼마나 불편했을까요? 그러다가 중국에서 종이가 발명되었습니다. 사실 채륜은 종이를 '발명'한 사람이 아닙니다. 민간에서 전승되어 오던 종이 만드는 방법을 체계화하고, 쓰기 편하도록 개량한 사람이지요. 그의 노력으로 양질의 종이가 대량으로 만들어졌으며, 중국을 대표하는 발명품으로 역사에 이름을 올리게 되었습니다.

★**죽간** 대나무를 쪼개고 다듬어 엮어 만든 것으로 종이 발명 전까지 가장 많이 사용됐다.

184년 — 황건적의 난

황건적黃巾賊의 난을 일으킨 사람은 중국 최초의 도교 교단인 **오두미도**五斗米道★에서 갈라져 나온 신흥 종교 태평도太平道의 우두머리 장각입니다. 그는 스스로 황제의 자리까지 오르려다가 거사 계획이 탄로 나자 전국 36방에 격문을 돌리고 빈궁한 농민들을 봉기시켰습니다. 이때 난에 참여한 사람들이 하나같이 머리에 누런 두건을 두르고 있어 '황건의 난'이라는 이름이 붙었습니다. 그러나 장각이 병으로 죽으면서 중심 세력을 잃은 황건적의 난은 1년 만에 진압되었고, 이후 후한은 혼란에 빠져 환관과 호족이 날뛰는 가운데 멸망의 길을 걷게 되었습니다.

★**오두미도** 중국 후한 말기에 장릉이 창시한 질병의 치료를 중심으로 하는 교단. 병을 고쳐 주는 대가로 신도들은 쌀 다섯 말을 바쳐야 했다.

192년 — 참파의 건국

참파Champa는 고대 베트남 중남부 지역에서 참족을 중심으로 형성되어 17세기까지 존속한 고대 왕국입니다. 참족은 레말레이폴리네시아 혈통으로 인도화된 문화를 가진 민족이며, 중국의 지배에서 독립하여 나라를 세웠습니다. 그러나 베트남 왕국의 공격을 받아 참파는 역사 속으로 사라졌습니다.

194년 — 고구려, 진대법 실시

진대법賑貸法이란 재난이나 흉년이 든 해에 가난한 백성에게 곡식을 빌려주고, 추수철에 갚도록 한 법을 말합니다. 고국천왕은 국상 **을파소**★의 건의를 받아, 빈민을 구제하고 민생을 안정시키기 위해 이 법을 실시했습니다.

★**을파소** 고구려의 재상. 고국천왕 13년 국상으로 추대되어, 농민 구제책인 진대법을 실시했다.

전쟁에 지친 황제들, 철학과 종교가 필요한 시간

황제로서의 삶은 결코 녹록지 않았습니다. 아침부터 밤늦게까지 행정 업무가 끊임없이 이어졌고, 때로는 전쟁터를 누비며 나라를 지켜야 했습니다. 로마의 황제들은 특히 게르만족을 비롯한 이민족이나 파르티아 제국과의 전쟁을 위해 원정을 떠나야 했습니다. 어떤 황제는 수년간 전쟁터에서만 생활하다가 그곳에서 생을 마감하기도 했습니다. 인도의 북서쪽을 다스리던 쿠샨 왕조의 왕들 역시 크게 다르지 않았습니다. 그들도 수많은 전쟁을 치렀고, 그 과정에서 수없이 많은 생명이 스러졌습니다. 황제라 해도 결국 인간이기에, 죽거나 다치는 병사들을 바라보며 회의감과 고뇌를 느꼈을 것입니다. 그래서였을까요? 지친 심신을 철학이나 종교에 의탁하려는 황제들도 있었습니다. 지금부터 여러 시대에 걸쳐 철학과 종교에 귀의한 통치자들의 이야기를 따라가 볼까요?

사색의 황제, 전쟁 중에 『명상록』을 저술하다

마르쿠스 아우렐리우스 황제는 로마 5현제 중 마지막 황제입니다. 훌륭한 스승들 밑에서 수학한 그는 노예 출신의 철학자 에픽테토스가 쓴 『담화록』을 읽으면서 스토아 철학에 깊이 빠져들었습니다. 아우렐리우스의 통치 시기는 페스트와 같은 전염병이 유행하고 게르만족의 침입이 이어지는

등 어려운 시대였습니다. 탁월한 법률가이기도 한 그는 재임 시절에 수많은 법령을 공포하고 제국의 경제를 살리기 위해 힘썼으며, 게르만족을 물리치기 위해 노력했습니다. 평생을 독서와 사색 속에서 지낸 '사색의 황제'로 불리기도 했습니다. 오늘날까지도 널리 읽히고 있는 그의 유명한 저서 『명상록』은 게르만족의 침입을 막기 위한 전쟁 중에 집필되었습니다. 명상록에는 다음과 같은 유명한 구절이 남아 있습니다.

"언제나 죽음을 맞이할 수 있다 여기고, 모든 것을 고려하고, 말하고, 행하라."

대승불교를 널리 전파한 카니슈카 왕

카니슈카 왕은 인도 쿠샨 왕조의 제3대 국왕입니다. 그의 탄생과 재위 시기는 학자들 사이에서 의견이 분분합니다. 그러나 그가 집권하던 시기에 쿠샨 왕조는 전성기를 맞이했습니다. 정복 사업에 나선 카니슈카 왕은 동쪽으로는 갠지스 강에서 서쪽으로는 **부하라***까지, 북쪽으로는 파미르 고원에서 남쪽으로는 인도 중부에 이르는 대제국을 이룩했습니다. 특히 그는 파미르를 넘어 중국 한나라의 지배를 받던 도시 국가들을 정복했습니다. 그는 마우리아 왕

▲ 카니슈카의 모습이 새겨진 금화

★**부하라** 현재 우즈베키스탄에 있다.

★**대승불교** 중생을 제도하여 부처의 경지에 이르게 하는 것을 이상으로 하는 불교. 교리, 이상, 목적이 모두 크고 깊으며 그것을 받아들이는 중생의 능력도 큰 그릇이라 하여 이렇게 이른다.

조의 아소카 왕이 믿던 불교의 한 종파인 상좌부 불교 대신, 전쟁에 지친 대중을 구제할 수 있는 대승불교를 적극 장려하며 널리 전파하고자 했습니다. 그의 시대에 중국과의 교류를 통해 자연스럽게 **대승불교***가 중국으로 전파되었습니다. 또한, 그는 로마 제국과도 긴밀한 교류를 하여 동서 문화 교류가 활발히 이루어졌습니다.

태평도를 창시한 장각이
머리에 누런 두건을 두른 까닭은?

중국 허베이성 출신의 장각은 노자와 도교의 사상에 깊이 빠져서 자신을 대현량사大賢良師라 칭하고 태평도를 창시했습니다. 그는 전국에 36방을 두었는데 그 신도 수가 1만여 명에 이르렀다고 합니다.

장각은 "푸른 하늘이 죽고 노란 하늘이 일어나니, 갑자년에 천하가 크게 길해지리라" 하고 예언하면서 사람들을 끌어모았습니다.

184년에는 스스로를 천공장군天公將軍이라 부르며, 신도들로 하여금 머리에 누런 두건을 두르고 반란을 일으키도록 했는데 이것이 곧 '황건적의 난'입니다. 관군의 진압으로 황건적의 난은 결국 끝이 났지만 이 과정에서 후한의 왕권이 추락했고, 동탁이 세력을 잡은 후로는 말할 수 없는 폭정으로 세상이 더욱 혼란스러워졌습니다. 장각의 무덤은 파헤쳐졌고, 잘린 그의 목은 뤄양성 입구에 걸렸습니다. 후한은 멸망의 길로 접어들었고, 천하의 영웅들이 차례로 일어나는 삼국 시대가 시작되었습니다.

농민에서 국상된 을파소,
진대법을 추진하다

본래 을파소는 고구려 고국천왕 때 압록곡 좌물촌에서 농사를 짓던 평민 출신이었습니다. 당시 고국천왕은 귀족 세력의 반란을 진압하고 널리 인재를 구하고 있었는데, 그 과정에서 중앙 귀족과는 관련이 없으면서도 뛰어난 능력을 갖춘 인물이라는 평가를 받은 을파소를 국상(국가의 재상)에 임명했습니다.

처음에 그는 '우태'라는 벼슬을 받았지만 정사를 맡기에는 부족하다고 생각해 사양했으나, 국상의 직책을 받자 결국 수락했습니다. 구신들이 반대했지만 왕은 그를 굳게 신임했고, 을파소는 진심으로 왕을 섬기며 정치를 잘 이끌어 태평성대를 이루었습니다.

고국천왕과 을파소가 백성들을 위해 좋은 정치를 했지만, 백성들의 삶이 하루아침에 나아질 수는 없었습니다. 메뚜기떼가 나타나 다 자란 곡식을 한꺼번에 먹어 농사를 망치는 일도 허다했고, 전염병으로 농사일손이 부족한 경우도 많았습니다.『삼국사기』에는 고구려의 이러한 자연재해가 무려 103회나 기록되어 있습니다.

진대법을 실시하게 된 데에는 바로 이러한 배경이 있습니다. 어느 날, 고국천왕이 사냥을 갔다가 길에서 슬피 우는 남자를 만났습니다. 사정을 물으니, 흉년이 들어 늙은 어머니께 드릴 곡식이 없어 울고 있었다는 겁니다. 그 말을 들은 고국천왕은 국상 을파소를 불러 대책을 강구하게 했고, 이에 을파소가 마련한 것이 바로 진대법이었습니다. 진대법은 3월부터 7월까지의 춘궁기나 흉년 때에 백성들에게 관가의 곡식을 꿔 주고, 추수하는 10월경에 약간의 이자를 붙여 갚도록 하는 구휼법으로, 가난한 백성을 구제하고 민생 안정을 도모하고자 한 제도였습니다.

3부

다양한 문화권의 형성과 발전

세계 종교가 성립된 이후 각 지역에서는 다양한 교류를 통하여 공통된 문화 요소를 공유하는 문화권이 형성되고 발전했습니다.

동아시아에서는 중국을 중심으로 유교 불교 등 한자에 기반을 둔 문화가 퍼지면서 동아시아 문화권이 형성되었습니다. 인도와 동남아시아에서는 불교, 힌두교, 이슬람교가 전파되면서 고유한 문화가 꽃을 피웠습니다. 서유럽에서는 게르만족의 대이동 이후 크리스트교와 게르만족의 문화, 로마의 전통이 융합된 문화가 형성되었습니다. 또 동유럽에서는 비잔티움 제국을 중심으로, 그리스 정교를 기반으로 한 문화권이 발전했습니다. 서아시아에서는 이슬람교를 바탕으로 수준 높은 문화가 발전했으며, 이 과정에서 크리스트교 문화권과 이슬람 문화권 사이에 충돌이 일어나 약 200년에 걸친 전쟁이 일어나기도 했습니다.

이 시기에 우리나라에서도 불교를 기반으로 한 삼국 시대와 남북국 시대가 발전했고, 고려 시대 역시 훌륭한 문화유산을 후대에 남겼습니다.

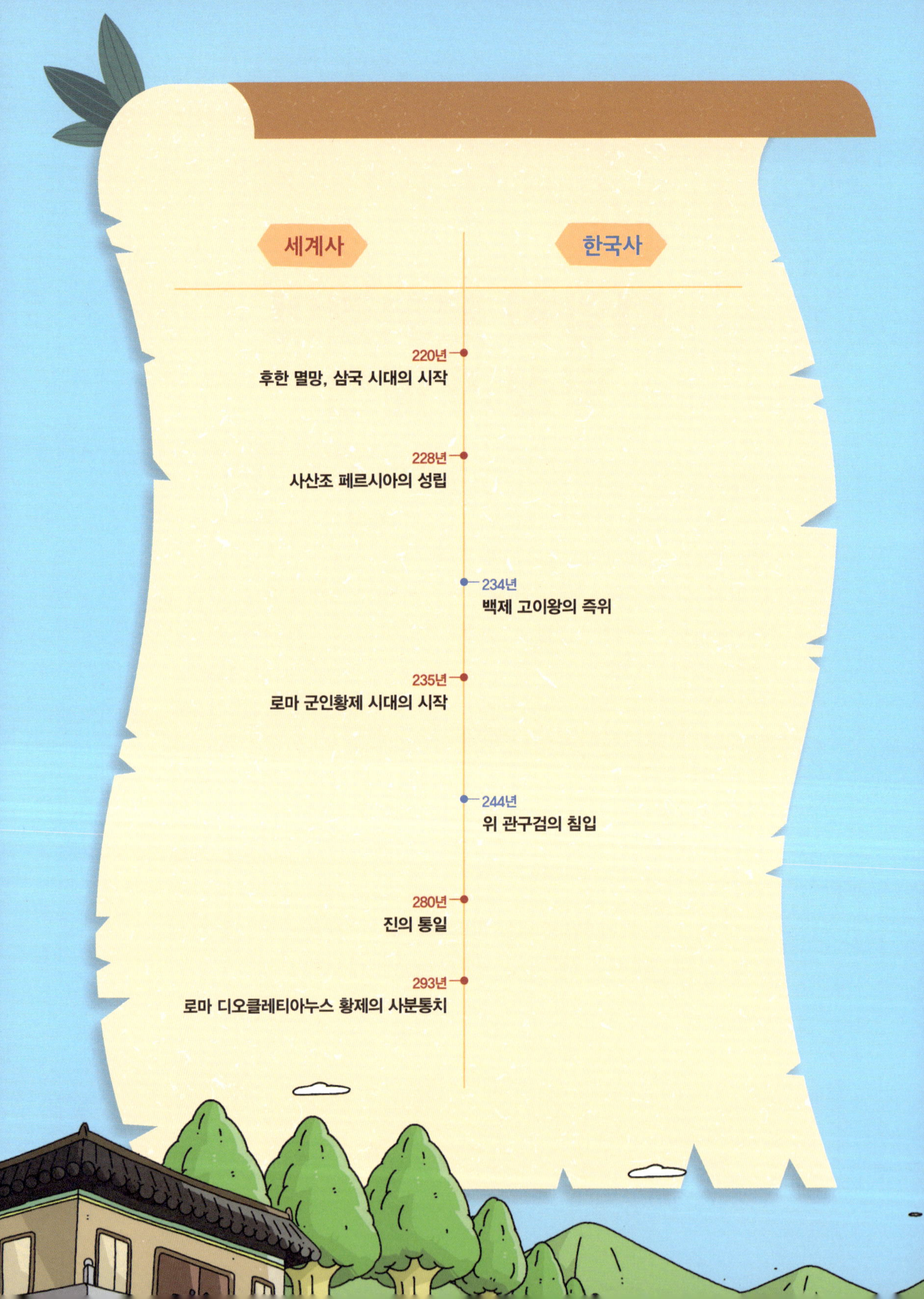

세계사
한국사

220년
후한 멸망, 삼국 시대의 시작

228년
사산조 페르시아의 성립

234년
백제 고이왕의 즉위

235년
로마 군인황제 시대의 시작

244년
위 관구검의 침입

280년
진의 통일

293년
로마 디오클레티아누스 황제의 사분통치

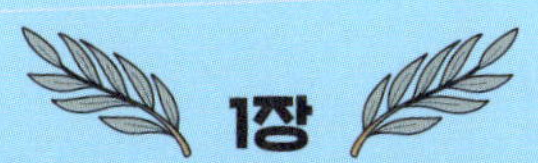

1장

진은 삼국을 통일하고 로마는 쇠퇴의 길을 걸어가다

3세기, 우리나라가 삼국 시대였을 때 중국 역시 위·촉·오 삼국이 서로 세력을 다투던 삼국 시대였습니다. 중국의 삼국이란 후한이 멸망하고 성립한 조조의 손자 조비가 세운 위나라, 유비가 세운 촉나라, 손권이 세운 오나라를 말합니다. 하지만 이 삼국은 위나라의 세력가 사마씨에 의해 통일되었고, 사마염은 마지막 남은 오나라까지 멸망시키며 진나라 무제로 천하를 통일했습니다.

한편 유럽에서는 로마 제국이 쇠퇴의 길을 걷고 있었습니다. 인구는 줄어들었고, 물가는 폭등했으며, 군인들끼리 서로 죽고 죽이며 황제 자리에 오르려 하는 군인 황제 시대가 시작되었습니다. 이러한 위기를 극복하기 위해 디오클레티아누스 황제는 개혁을 실시하는 한편, 거대한 로마 제국을 4국으로 나눠 통치했습니다. 서아시아에서는 조로아스터교를 국교로 하는 사산조 페르시아가 등장하여 로마 제국을 위협하기 시작했습니다.

220년 후한 멸망, 삼국 시대의 시작

조조의 셋째 아들 조비는 후한의 마지막 황제인 헌제로부터 선양의 방식으로 왕위를 받아 위나라 초대 황제가 되었습니다. 이로써 중국은 위(220년~265년), 유비가 세운 촉(221년~263년), 손권이 세운 오(222년~280년)가 천하 통일을 놓고 서로 싸우는 삼국 시대가 시작되었습니다. 위나라는 과거 제도가 도입되기 전, 관리 추천 제도인 구품중정제를 처음으로 실시하였습니다.

▲ 위나라 초대 황제 조비

228년 사산조 페르시아의 성립

사산조 페르시아는 고대 이란 왕국으로, 파르티아의 지방 영주 아르다시르 1세가 세운 나라입니다. 그의 아들 샤푸르 1세는 여러 차례 로마군과 싸워 로마 황제 고르디아누스 3세를 전사시키고, 황제 발레리아누스를 포로로 잡는 등 강력한 왕권과 제국의 위세를 확립했습니다. 또한 그는 인도 쿠샨 왕조의 서부 지역까지 세력을 확장하였습니다.

▶ 샤푸르 1세가 로마 발레리아누스 황제를 사로잡는 모습을 그린 그림

234년 백제 고이왕의 즉위

백제는 8대 임금 고이왕이 즉위하면서 중앙집권국가 체제를 확립했습니다. 정복 활동을 통해 마한을 공격하고 한강 유역을 장악한 고이왕은 260년, 삼국 중 가장 먼저 율령을 반포했습니다. 그는 처음으로 **6좌평제***를 마련했고 **공복**公服*을 제정했으며, 신라의 변방을 침범하여 영토를 확장하는 데에도 힘썼습니다. 이로써 고이왕은 백제 건국 **태조***와 맞먹는 업적을 남겼습니다.

★**6좌평제** 백제에 마련된 16관등 중 제1관등을 말한다. 6좌평 중 내신좌평을 상좌평이라고 하며, 수상으로 삼았다.

★**공복** 관원이 조정朝廷에 나아갈 때 입는 관복

★**태조** 한 왕조를 세운 첫째 임금에게 붙이던 묘호

235년 로마 군인황제 시대의 시작

로마 제국의 군인황제 시대란 284년까지 26명의 사령관 출신 황제(공동 통치자 포함)가 등장해 서로 죽고 죽이며 혼란을 겪었던 시기를 말합니다. 24대 황제 세베루스 알렉산데르가 죽은 이후 세베루스 계열 황제들은 군대에 의존하여 제국을 통치했으며, 천수를 누린 단 두 명을 제외한 나머지는 대부분 자살하거나 전쟁터에서 전사하거나 피살되었습니다.

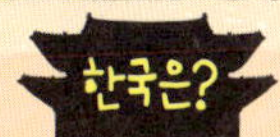

244년 위 관구검의 침입

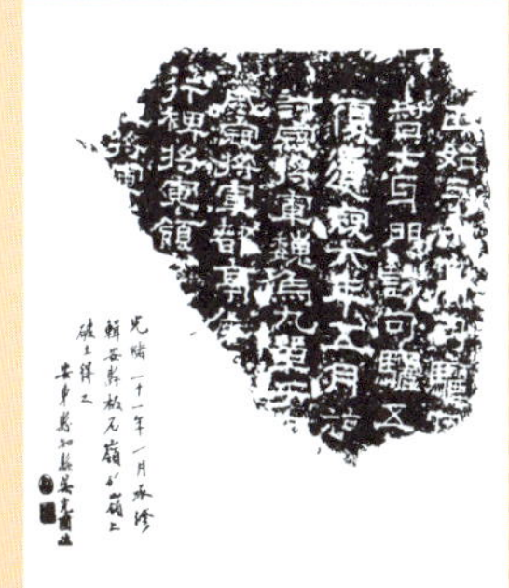
▲ 관구검 기공비

고구려는 위나라의 무장 관구검毌丘儉의 침입을 받아 위기에 처했습니다. 수도 국내성의 외성인 환도성이 함락되었고, 동천왕은 동옥저로 피난을 가야 할 만큼 피해가 매우 컸습니다. 오늘날 만주 지안에는 관구검의 고구려 침공을 기념한 기공비가 남아 있습니다.

280년 진의 통일

위나라의 실권을 장악한 **사마염**司馬炎★은 위나라 원제로부터 선양을 받아 뤄양을 도읍으로 정하고, 나라 이름을 진이라 했습니다. 280년에는 오나라의 항복을 받아 천하를 재통일했습니다.

★**사마염** 중국 서진의 초대 황제. 위나라 명재상으로 촉의 제갈량 군대를 무찔렀던 사마의의 손자이다. 280년 재통일의 위업을 달성했다.

293년 로마 디오클레티아누스 황제의 사분통치四分統治

이탈리아의 천민 출신 군인에서 출세하여 황제 자리에 오른 디오클레티아누스 황제는 효율적으로 통치하기 위하여 제국을 4등분하여 두 명의 정식 황제와 두 명의 부황제가 통치하도록 했습니다. 먼저 황제 자신과 막시미아누스의 통치 구역으로 2분한 뒤, 그 두 사람이 정제正帝가 되고 그 아래에 갈레리우스와 콘스탄티누스 1세를 부제副帝로 하여 4인의 황제가 제국을 분할 통치했습니다.

▲ 디오클레티아누스 황제

◀ 디오클레티아누스의 궁전 상상도. 디오클레티아누스는 오늘날 크로아티아의 스플리트에 거대한 궁전을 짓고, 황제 자리에서 물러난 305년부터 이곳에서 지냈다고 전해진다.

죽기 전에
꼭 알아야 할
3세기의 전투들

중국은 이때 삼국 시대였습니다. 삼국 시대는 나관중이 지은 대중소설 『삼국지연의』를 통해 우리에게 잘 알려져 있습니다. 이 시대를 대표하는 중요한 전투가 바로 208년의 적벽대전입니다. 손권과 유비의 소수 연합군이 조조의 대군을 적벽에서 크게 무찌른 싸움으로, 화공火攻이라는 계략을 사용해 승리했습니다. 적벽대전은 이후 중국사에서 가장 대표적인 전쟁으로 길이 남아 많은 사람들의 입에 오르내립니다.

한편, 서양에서는 로마 제국의 자존심을 한순간에 꺾어 놓은 전투가 있었습니다. 그것은 사산조 페르시아의 샤푸르 1세가 로마 제국의 발레리아누스 황제를 포로로 잡은 에데사Edessa 전투입니다. 이 전투는 로마 군인들에게 씻을 수 없는 치욕으로 남았으며, 샤푸르 1세의 활약상은 조각으로 새겨져 지금까지 전해집니다. 이로써 사산조 페르시아가 얼마나 강력한 국가였는지를 보여 줍니다.

한편, 고구려도 이 시기에 큰 전쟁을 치렀습니다. 위나라의 무장 관구검이 침입해 벌어진 전쟁이었습니다. 위기의 순간, 난세를 충의로 헤쳐나간 두 사람의 활약이 빛났습니다. 다음에서는 이처럼 3세기의 역사에 길이 남은 전투에 대해 알아보겠습니다.

불타오르는 적벽, 전쟁사의 한 장을 장식하다

삼국 중 위나라 건국의 기초를 닦은 조조는 후한의 황실을 이용한 간웅奸雄*으로 평가되기도 하지만, 난세의 영웅으로 불리기도 합니다. 어쨌든 천하 통일에 대한 야망이 가득한 사람이었던 것만은 분명합니다.

★간웅 간사한 꾀로 무장한 영웅

조조는 패권을 다투던 원소와의 싸움에서 승리한 뒤, 천하 통일을 목표로 18만 대군을 이끌고 손권을 공격하기 위해 남하했습니다. 이때 손권은 유비와 연합하고 있었지만, 군대는 고작해야 8만여 명에 지나지 않았지요. 오랜 진군에 지친 조조의 군대는 뱃멀미를 하는 병사들이 많았고, 이를 막기 위해 배들을 서로 쇠고리로 연결하여 물에 흔들림이 적게 묶은 다음 창장 강변에서 휴식하고 있었습니다. 이를 목격한 손권의 장수 황개가 화공전을 생각해

냈습니다. 항복하는 척하면서 조조 군단에 가까이 다가가 불을 붙이려는 속셈이었지요. 이 작전은 성공하여, 조조가 서로 묶어 둔 병선에 불이 삽시간에 옮겨붙었습니다. 조조 군단은 불을 끄느라 혼란에 빠졌고, 군사들은 불길을 피해 강물에 뛰어들었으며, 말들은 놀라서 날뛰는 상황이 벌어졌습니다. 이때를 놓치지 않은 손권과 유비의 연합군은 일제히 공격을 시작해 조조를 순식간에 대패시켰습니다. 적벽대전은 불을 활용한 전법으로 역사에 길이 남으며 전쟁사의 한 장을 화려하게 장식했습니다.

샤푸르 1세, 로마 황제의 무릎을 꿇리다

사산조 페르시아의 2대 왕 샤푸르 1세는 효자였습니다. 선왕인 아르다쉬르 1세 건강이 악화되어 왕위를 물려주었지만 아버지가 숨을 거둘 때까지 자신의 대관식을 미뤘거든요. 그러면서도 황제로서 눈부신 활약상을 펼쳐 나갔습니다. 그의 첫 승리는 로마의 고르디안 3세를 그의 말발굽 아래 굴복시킨 사건이었습니다. 이에 놀란 로마의 다음 황제 필립 황제는 사산조 페르시아에게 50만 황금 동전이라는 거금을 주고 평화 조약을 맺었습니다.

▲ 파르스 지역에 남아 있는 석조

그러나 256년, 두 나라 사이에 평화 조약이 깨지면서 다시 전쟁이 시작되었습니다. 샤푸르 1세는 아나톨리아 반도와 시리아는 물론, 안티오크까지 점령하면서 로마 제국의 발레리아누스 황제를 압박했습니다. 그리고 드디어 에데사 전투에서 발레리아누스 황제를 포로로 사로 잡으면서 대승을 거뒀습니다. 발레리아누스 황제는 죽을 때까지 풀려나지 못한 채 평생을 비샤푸르 지역의 외진 궁에 갇혀서 살다가 생을 마감했습니다.

지금도 이란의 파르스 지역에는 사산조 페르시아의 샤푸르 1세가 로마 황제 발레리아누스를 사로잡아 그의 말발굽 아래에 무릎을 꿇린 모습이 절벽에 생생히 새겨져 있습니다.

고구려를 위기에서 구한 밀우와 유유

밀우密友와 유유紐由는 고구려를 대표하는 살신성인의 명장들입니다. 244년 위나라 유주 **자사**刺史* 관구검의 침입을 받은 고구려의 동천왕은 수도가 함락되자 동옥저로 피신을 단행했습니다. 그러나 관구검의 별동부대인 현도 **태수**太守* 왕기王頎의 추격으로 동천왕은 다시 위기에 빠졌습니다. 군사들은 거

의 다 달아나고 흩어져 오직 동부의 밀우만이 혼자 왕 옆에 있었습니다.

밀우는 결사대를 조직하여 추격병을 저지함으로써 동천왕이 무사히 피신할 수 있도록 했습니다. 간신히 옥저 땅에 이르렀지만 위나라 군인들은 추격을 멈추지 않았습니다. 계책이 다하고 형세도 꺾여 어쩔 줄 몰라 하던 이때, 동부 사람 유유가 나섰습니다. 유유는 위나라 군대의 진영에 들어가서 항복을 청하는 척하다가 위의 지휘관 왕기를 살해하고, 자신 역시 죽음을 맞이했습니다. 그의 값진 희생으로 고구려는 다시 한번 일대 반격을 가할 수 있었고 우두머리를 잃은 위나라 군대는 그대로 달아났습니다.

삼국 시대가 낳은 고사성어

나관중이 지은 『삼국지연의』를 통해 잘 알려져 있는 위, 촉, 오 세 나라가 패권을 다투던 삼국 시대는 재미있는 고사성어를 많이 남긴 시기이기도 합니다. 계륵, 괄목상대, 삼고초려, 수어지교, 백미 등이 그것인데요. 지금부터 한번 살펴볼까요?

계륵鷄肋이란 닭의 갈비라는 뜻으로, 먹을 것은 별로 없고 그렇다고 버리기에는 아까울 때 사용하는 고사성어입니다. 조조와 유비가 한중이라는 땅을 놓고 싸울 때, 그 땅을 계륵이라 하면서 그냥 철수한 데서 유래합니다.

괄목상대刮目相對에 얽힌 이야기는 더욱 재미있습니다. 오나라의 손권이 장수 여몽呂蒙을 불러 무술에는 능하나 학문을 게을리하는 것에 대해 꾸짖었습니다. 그 후 여몽은 학문에 전념하게 되고, 노숙魯肅이 찾아와 전과 달라진 그의 높은 식견에 놀라워하자 여몽은 "선비가 사흘을 떨어져 있다 다시 대할 때는 눈을 비비고 대하여야 합니다"라고 했다는 데서 유래합니다. 이 말은 윗사람에게는 쓰지 않습니다.

삼고초려三顧草廬의 뜻은 대충 알고 있지요? 촉한의 유비가 제갈공명을 책략가로 모시고자, 관우와 장비 두 동생을 거느리고 세 번이나 제갈공명을 찾아가 모셔온 데서 유래했습니다. 이후 유비는 "내게 제갈공명이 있는 것은 마치 물고기가 물을 얻은 것과 같다"라고 말했는데 여기에서 수어지교水魚之交라는 말도 나왔습니다.

마지막으로, 백미白眉란 말은 흔히 여럿 가운데 가장 뛰어난 것을 비유적으로 이를 때 쓰입니다. 제갈공명과도 친분이 있던 마량馬良은 형제가 다섯이었습니다. 다섯 형제가 모두 재주가 있고 능력이 뛰어났는데 그중에서도 마량이 가장 뛰어나 붙여진 말입니다. 어려서부터 마량은 눈썹에 흰 털이 섞여 있어 '흰 눈썹'이라는 뜻의 백미라 불렸습니다.

로마의 공중목욕탕이 역사에 남은 이유는?

　로마는 제정 초기에는 휴일만 159일이었고, 후에는 1년 중 200일을 휴일로 쉬었습니다. 그러다 보니 휴일을 편히 즐길 수 있는 공동시설이 필요했고, 황제들은 선심을 써 로마 시민을 위한 대형 공중 목욕탕을 건설했습니다.

　그중 카라칼라 황제가 로마 시내에 211년부터 216년까지 5년간 지은 공중 목욕탕은 그 규모만 해도 너무나 웅대하여 역사에 길이 이름을 남길 정도입니다. 대리석을 이용해 지은 건물의 너비는 230m, 길이가 115m였는데 현대 못지않은 당시 시설들을 보면 입이 떡 벌어질지도 모릅니다. 열탕, 온탕, 냉탕, 각종 집회장, 오락장, 도서실 등을 갖췄을 뿐만 아니라 오늘날의 헬스장과 같은 운동 시설까지 갖추고 있었습니다. 남녀 혼탕에다 무도회장과 아름다운 정원, 그리고 야외에는 넓은 수영장도 있었습니다. 무려 1,600명을 동시에 수용할 수 있었다고 하니 정말 대단하지 않나요?

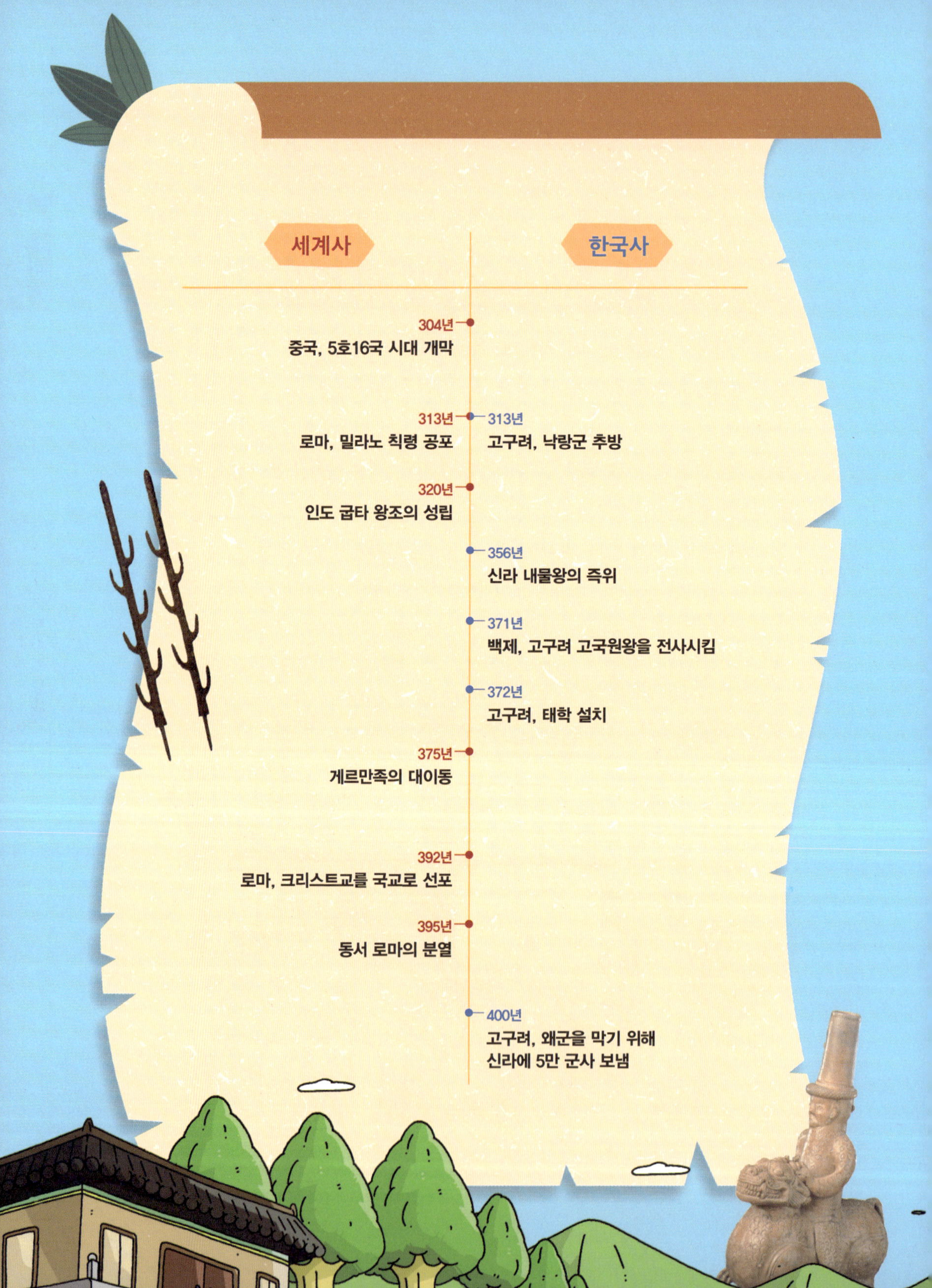

세계사
한국사

304년
중국, 5호16국 시대 개막

313년
로마, 밀라노 칙령 공포

313년
고구려, 낙랑군 추방

320년
인도 굽타 왕조의 성립

356년
신라 내물왕의 즉위

371년
백제, 고구려 고국원왕을 전사시킴

372년
고구려, 태학 설치

375년
게르만족의 대이동

392년
로마, 크리스트교를 국교로 선포

395년
동서 로마의 분열

400년
고구려, 왜군을 막기 위해
신라에 5만 군사 보냄

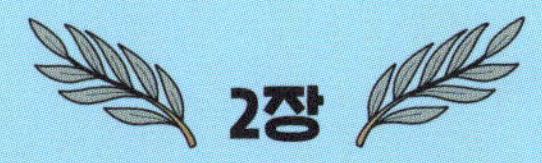

2장

로마는 크리스트교가 공인되고
한국은 불교가 전파되다

우리나라는 이 시기에 삼국 시대로서 중앙집권 국가의 기틀을 갖춰 나갔습니다. 특히 고구려와 백제는 중국에서 불교를 받아들였고, 같은 시기 로마에서도 크리스트교가 공인되고 로마의 국교로 선포되는 종교적 변화가 있었습니다.

중국에서는 위·진 시대에 이어 북방 민족인 선비, 흉노, 저, 갈, 강 등 다섯 민족이 16개 나라를 세운 5호16국 시대가 시작되었습니다. 한편 중국 남쪽에서는 한족이 북방에서 쫓겨 내려가 동진을 세웠고, 이로써 창장강 이남의 강남 지역이 개발되었습니다. 인도에서는 굽타 왕조가 성립하여 인도 고유의 힌두 문화가 발달했습니다.

4세기 말, 서양사에서는 결정적인 사건이 일어났습니다. 유목 민족인 훈족이 게르만족을 공격하자, 게르만족은 물밀듯이 로마 제국 영내로 밀려 들어왔습니다. 이로 인해 서로마 제국은 멸망의 길을 걷게 되었습니다. 반면 동로마 제국은 서로마 멸망 이후에도 1,000여 년 동안 존속했습니다.

304년 — 중국, 5호16국 시대 개막

5호란 선비, 흉노, 저, 갈, 강이라는 다섯 북방 민족을 말하고, 16국이란 그 다섯 민족과 한족이 세운 열여섯 개의 나라를 말합니다. 이후 5호16국은 5세기에 선비족이 세운 **북위**北魏★에 의해 통일되었습니다.

★**북위** 남북조 시대의 북조 최초의 나라. 선비족의 탁발규가 세운 나라로, 적극적인 중국 동화 정책을 추진했다.

313년 — 로마, 밀라노 칙령 공포

밀라노 칙령이란 313년 2월 로마 제국을 동서로 나눠 공동으로 통치하던 콘스탄티누스 1세와 리키니우스 황제가 밀라노에서 발표한 칙령으로, 신앙의 자유를 선포한 것입니다. 모든 사람들에게 크리스트교를 포함한 종교 선택의 자유를 보장했습니다.

313년 — 고구려, 낙랑군 추방

고구려 15대 임금 미천왕은 311년 군사 요충지인 서안평을 점령한 데 이어, 313년 고조선이 멸망한 후 421년간 존속하던 낙랑군을 몰아내고 대동강 유역을 차지했습니다. 미천왕은 고구려의 영토 확장에 혁혁한 공을 세워 고조선의 계승자를 자처할 수 있었습니다.

320년 — 인도 굽타 왕조의 성립

인도에서는 찬드라굽타 1세에 의하여 굽타 왕조가 성립되고 찬드라굽타 2세 때 전성기를 맞았습니다. 굽타 왕조는 인도 북부를 통일하고 인도 고유의 **힌두 문화**★를 발전시켜 갔습니다. 굽타 미술이 발달했고, 산스크리트 문학도 꽃피웠습니다.

★**힌두 문화** 인도의 힌두교를 배경으로 일어난 문화. 수천 년이 지났지만 출생, 결혼, 장례 등 관습에서의 단일성을 유지하는 독특한 전통을 간직하고 있다.

▲ 굽타 미술을 대표하는 아잔타 석굴 내부의 벽화

356년 — 신라 내물왕의 즉위

신라는 지리적으로 한반도의 동쪽에 치우쳐 있어서 삼국 중 가장 발전이 늦었습니다. **마립간**麻立干★은 신라 때에 '임금'을 이르는 말이었는데요. 신라 17대 임금 내물왕이 '마립간'이라는 왕호를 사용했다는 것은 이때부터 왕권이 강화되기 시작했음을 알려 줍니다. 『삼국사기』에 따르면 눌지왕 때부터 지증왕 때까지, 『삼국유사』에 의하면 내물왕 때부터 지증왕 때까지 이 칭호를 사용했다고 합니다.

★**마립간** 마립이란 우리말로 '말뚝'을 뜻한다. 또한 다른 설에 의하면 마립은 머리, 마루와 같은 의미로 가장 높다는 말이며 간, 한은 사람을 높여 부르는 말이다.

371년 **백제의 공격으로 고구려 고국원왕이 전사**

근초고왕 때는 삼국 중에서 백제가 가장 전성기를 맞이한 시기입니다. 근초고왕은 태자 근구수를 고구려의 평양성 근처까지 진격하게 하여 전투에서 승리했고, 이를 통해 북쪽으로 영토를 확장했습니다. 중국의 역사서에는 백제의 근초고왕이 이 시기에 중국 요서와 산둥, 일본의 규슈 지역에까지 영향력을 미쳤다고 기록되어 있습니다.

372년 **고구려, 태학 설치**

고구려의 소수림왕은 북조의 전진에서 삼국 중 가장 먼저 불교를 받아들였고, 평양에서는 **태학***을 세워 유학을 가르쳤습니다.

★태학 고구려 때에 중앙 귀족 자제에게 경학, 문학 등을 가르치던 국립교육기관. 소수림왕 2년에 설치했다.

375년 **게르만족의 대이동**

게르만족 대이동이란 게르만족의 일족인 동고트족이 아시아에서 침입해 온 훈족의 압박을 받아, 게르만족 전체가 물밀듯이 로마 영토 내로 밀고 들어온 역사적 사건을 가리킵니다. 게르만족의 대이동으로 서로마 제국은 멸망하였습니다.

392년 **로마, 크리스트교를 국교로 선포**

크리스트교 신자였던 로마 제국의 **테오도시우스 1세***는 크리스트교를 믿는 사람들의 숫자가 점점 늘어나자 마침내 크리스트교를 국교로 선포했습니다.

★테오도시우스 1세 크리스트교를 국교로 삼고 제국의 통일을 이루었으나 두 아들에게 제국을 나눠 줌으로써 로마가 동서로 갈라지는 원인을 제공했다.

395년 **동서 로마의 분열**

로마를 동서로 분열한 사람은 테오도시우스 1세입니다. 그는 세상을 떠나기 전 제국을 둘로 나눠 장남인 아르카디우스에게는 로마의 동부 지역을, 차남인 호노리우스에게는 서부 지역을 맡겨 통치하도록 했습니다. 결국 로마는 동로마와 서로마로 갈라져 다시는 하나로 돌아갈 수 없는 역사의 길을 걷게 되었습니다.

400년 **고구려, 왜군을 막기 위해 신라에 5만 군사 보냄**

★왜 한국과 중국에서 일본을 가리키던 호칭

신라 내물왕 때 백제, 가야와 연합한 **왜**(倭)*가 쳐들어오자 고구려 전성기 때의 임금인 19대 광개토대왕은 5만의 군사를 신라에 보내 이를 물리쳐 주었습니다. 이후 신라는 고구려의 간섭과 보호를 받는 처지가 되었습니다. 이러한 내용은 중국 지린성 지안에 있는 광개토대왕릉비에 자세히 기록되어 있습니다.

▲ 광개토대왕릉비

민족의 이동이 동서양 역사의 향방을 바꾸었다면?

유목 민족이란 중앙아시아의 초원지대에서 목축이나 수렵을 하면서 이동 생활을 하는 민족을 일컫습니다. 이들은 무장을 한 채 빠른 속도로 말을 타고 달리면서 자유자재로 활을 쏘고 무기를 휘두를 수 있었기에 일단 대규모 이동을 감행하면 그 위력이 대단했습니다. 이들은 수백 년에 한 번씩 대규모 이동을 단행했는데 그때마다 세계사의 향방이 바뀌었습니다. 그런데 4세기에는 동양과 서양에서 놀랍게도 동시에 대규모 유목 민족 이동이 있었습니다. 하나는 삼국 시대를 통일한 진나라를 침입해 온 선비, 흉노, 저, 갈, 강이라는 다섯 북방 민족(5호)의 이동이고, 또 하나는 중앙아시아 유목 민족인 훈족의 압박으로 인해 일어난 게르만족의 대이동입니다.

5호의 이동은 진나라를 멸망시켰고, 진은 남쪽으로 내려가 동진으로 명맥을 이어갔습니다. 또 게르만족의 대이동은 서로마 제국을 멸망시키는 결과를 가져왔습니다. 다음에서는 중국에서 일어난 '유목 민족의 침입'과, 서양에서 훈족의 이동으로 촉발된 '게르만족의 대이동'에 대해 살펴보겠습니다.

진을 남으로 몰아낸 5호, 나라들을 세우다

'뿌린 대로 거둔다'는 말이 있습니다. 중국에 다섯 북방 민족이 침입해 온 것은 결코 우연이 아니었습니다. 진나라 2대 황제인 **혜제***가 어린 나이에 황제가 되자 이를 사이에 두고 사마씨 일족인 황족들이 서로 정권을 잡으려고 군사를 동원하는 '팔왕八王의 난'이 일어났습니다. 그 과정에서 혜제가 폐위됐다가 다른 황족들의 도움을 받아 다시 복위되는 등 극도의 정치적 혼란기가 이어지면서 수도인 뤄양은 마치 전쟁터를 방불케 했습니다.

혜제가 죽은 후 사마월에 의해 3대 황제인 회제懷帝가 즉위하면서 내란은 끝나는 듯했습니다. 그러나 그동안 여덟 왕이 군사적 지원을 위해 끌어들였던 북방의 민족들이 결국 대거 침입을 감행하기 시작했습니다. 그 시작은 304년 흉노족을 이끌던 유연이 산시성에 나라를 세우면서였습니다.

이어서 저족도 쓰촨성에 쳐들어와 나라를 세웠고, 진의 수도인 뤄양은 다른 한족이 세운 나라에 의해 멸망을 당했습니다. 이후 진의 일족은 강남으로 내려가 망명 정권인 동진을 세웠고, 이전의 화베이 지방에 있던 진은 **서진***으로 불리게 되었습니다.

화베이 지방에는 흉노족과 저족 외에 선비족, 갈족, 강족이 계속 침입을 감행하여 어지럽게 나라가 세워졌습니다. 그 숫자는 23국에 달했고, 그 나라들 중에는 북방 민족뿐만 아니라 한족이 세

▲ 서진 시대의 유물인 괴수를 타고 앉은 사람 모양의 촛대

★**혜제** 중국의 삼국 시대 서진西晉의 2대 황제이자 초대 황제 사마염의 장남. 이름은 사마충. 황제에 등극했으나 황제로서의 능력을 갖추지 못해 국정을 장악하지 못했고, 서진은 통일한 지 반세기도 되지 않아 몰락의 길을 걷게 되었다.

★**서진** 동진 이전 화베이 지방에 있던 서진 외에도, 385년에 선비족 걸복국인이 세운 5호16국 중 하나 역시 국호가 서진이다.

운 왕조도 있었는데, 이 시대를 5호16국 시대라고 합니다.

5호16국 중 가장 짧은 시기의 경우, 13년밖에 지속되지 못한 국가도 있었습니다. 그중 **전진***의 왕 **부견***으로 인해 고구려가 최초로 불교를 수용하게 되었습니다. 그러나 대부분의 문화 수준은 저급했고 통치 방법도 폭압적이어서 이에 저항하는 반란이 끊이지 않았습니다. 그렇다 하여도 5호16국 시대는 이민족에 의한 최초의 지배 시기로 중국 역사에 기록되었습니다.

훈족의 압박으로 일어난 게르만족의 대이동

훈족은 중앙아시아의 초원지대에 살던 유목 민족입니다. 이들은 먼저 동유럽의 볼가강과 돈강 지역에 살고 있던 이란계 알란족을 정복하였고, 이어 375년에 흑해 북쪽에 터를 잡고 생활하던 게르만족의 일파인 동고트족을 공격해 그 대부분을 지배했습니다. 또한 동로마 제국을 쳐들어가 막대한 양의 황금을 대가로 받고 평화 조약을 맺기도 했습니다. 이에 놀란 흑해 북쪽 해안에 살던 게르만계 서고트족은 376년에 다뉴브강을 건너 로마 제국 영토 안으로 이주했습니다. 이것을 계기로 라인강과 다뉴브강 등 로마 제국 국경선 북동쪽 일대에 있던 게르만족이 잇따라 이동을 시작했습니다. 이러한 부족 전체의 집단 이동을 '겐스gens'라고 합니다.

동게르만에 속하는 부족으로는 동고트, 서고트, 반달, 부르군트, 랑고바르드 등이 있으며, 서게르만에는 프랑크족, 작센족, 프리젠족, 알라만족, 바이에른족, 튀링겐족 등이 있습니다. 북게르만에는 데인족, 스웨덴족, 노르웨이족 등이 포함됩니다. 하지만 이들에게 민족적 정통성이 있었던 것은 아닙니다. 예를 들어, 그냥 고트족 옆에 있으면 고트족으로 간주되는 식이었습니다. 이후 다음 세기까지 계속된 이러한 이동은 서로마 제국을 혼란한 전쟁터로 만들었으며, 결국 서로마 제국의 멸망을 가져왔습니다.

꿈에 십자가를 보고 진군한 로마 황제

콘스탄티누스 1세는 디오클레티아누스 황제에 의해 4분된 로마 제국을 재통일하고 단독 황제가 되기 위한 전쟁을 추진하고 있었습니다. 기록에는 그가 312년 제위를 차지하기 위해 진군하던 중 하늘에서 십자가 표식과 함께 '이것으로 승리하라In hoc signo vinces'는 음성을 들었다고 합니다. 또 그날 꿈에 예수 그리스도가 나타나 군기에 십자가를 새기고 진군하라고 일러 주었다고 전합니다.

콘스탄티누스 황제의 군대는 십자가가 새겨진 군기를 걸고 진군했고, 그 덕분인지 부제 막시미아누스의 아들 막센티우스를 격파할 수 있었습니다. 313년 로마에 입성한 후에는 밀라노에서 황제 자리를 놓고 경쟁하던 리키니우스와 회담을 갖고 밀라노 칙령을 발표했습니다. 이후 교회에 대한 각종 지원을 아끼지 않았으며, 자신도 직접 크리스트교 의식에 참여했습니다.

칠지도에 담긴 비밀

고대 한일사^{韓日史}의 최대 쟁점은 칠지도^{七支刀}입니다. 칠지도는 현재 일본 나라현 덴리시 이소노카미 신궁에 보관 중인 길이 74.9cm의 철제 칼입니다. 곧은 칼의 몸 좌우로 가지 모양의 칼이 각각 세 개씩, 모두 여섯 개가 뻗어 있고 꼭짓점까지 일곱 개의 칼날을 이루고 있어 칠지도라는 이름이 붙었습니다. 칼 앞날과 뒷날에는 모두 60여 글자가 금색의 화려한 상감기법으로 새겨져 있습니다. 다음은 앞면에 있는 내용입니다.

태화 "4년 1월 16일 병오일 정오에 무쇠를 100번 두들겨서 칠지도를 만들었다. 이 칼은 백병(재앙)을 피할 수 있다. 마땅히 후왕 (왜왕 지)에게 줄 만하다."

여기서 등장하는 태화 연도는 백제 근초고왕 때인 369년으로 추정됩니다. 이 시기는 백제의 전성기로, 일본 규슈 지방까지 진출했던 시기이므로 백제가 왜왕에게 칠지도를 '하사'한 것으로 볼 수 있습니다. 뒷면을 계속해서 볼까요?

"지금까지 이러한 칼은 없었는데, 백제 왕세자가 귀하게 성음^{聖音}으로 태어났다. 그런 까닭에 왜왕 지를 위해 만들었으니 후세에 전하여 보이라."

특히 백제 왕과 관련된 단어에는 '성음', 즉 '성스러운 말씀'이라는 높임말이 사용된 반면, '왜왕'에는 높임말이 쓰이지 않은 점이 백제에서 만든 칼임을 뒷받침합니다. 그러나 일본 측에서는 백제가 왜왕에게 상납한 것이라 주장하며 해석에 차이를 보이고 있습니다. 한편 최근에는 한국에서 칠지도 연대를 백제 전지왕 4년으로 보아야 한다는 학설이 나와 학계의 관심을 끌고 있습니다.

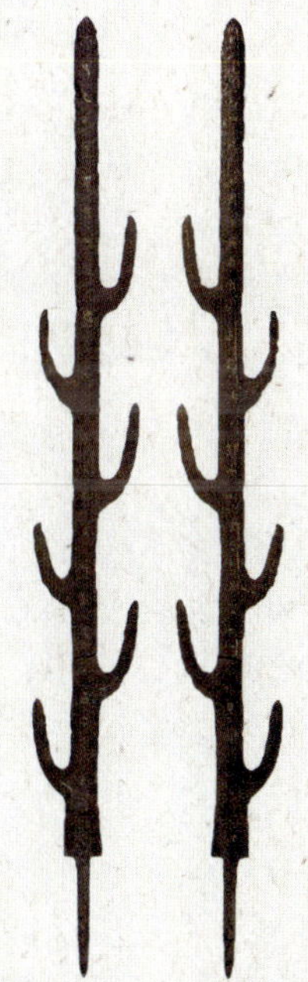

▲ 칠지도(앞뒤)

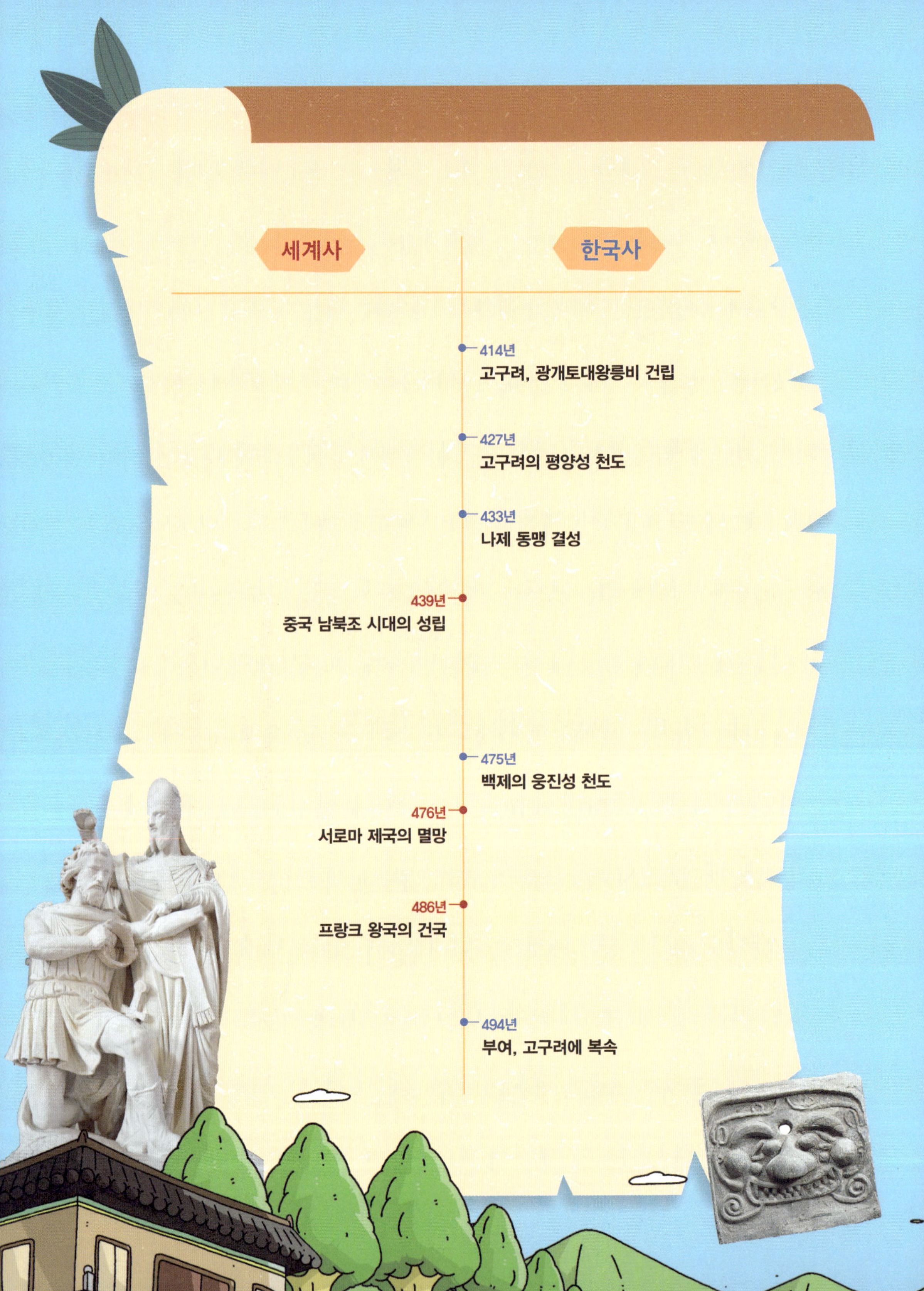

세계사
한국사

414년
고구려, 광개토대왕릉비 건립

427년
고구려의 평양성 천도

433년
나제 동맹 결성

439년
중국 남북조 시대의 성립

475년
백제의 웅진성 천도

476년
서로마 제국의 멸망

486년
프랑크 왕국의 건국

494년
부여, 고구려에 복속

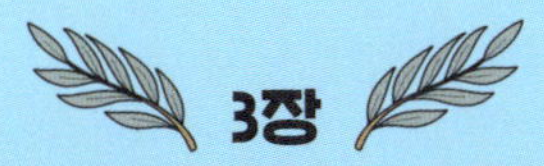

3장

남북조 시대가 열리고
게르만족의 왕국들이 세워지다

5세기에 중국은 남북조 시대였고, 우리나라는 삼국 시대였습니다. 유럽에서는 게르만족의 대이동으로 서로마 제국이 무너지기 시작했으며, 마지막 황제가 게르만 용병 대장에 의해 폐위되면서 역사 속으로 사라졌습니다. 이후 게르만족들은 서유럽 곳곳에 여러 왕국을 세웠습니다.

게르만 왕국 중 가장 강한 나라는 프랑크 왕국이었습니다. 프랑크 왕국을 세운 클로비스 국왕은 부하들과 함께 로마 가톨릭으로 개종하여 로마 제국의 계승자로 부상했습니다. 이후 서유럽은 중세 시대로 접어들었습니다.

이때 우리나라는 고구려의 전성기였습니다. 광개토대왕은 만주 지역을 차지했고, 그의 아들 장수왕은 남하 정책을 실시하여 주변의 백제와 신라를 압박했습니다. 이에 백제와 신라는 나제 동맹을 맺어 고구려에 저항하려 했지만 결국 고구려가 한강 유역을 차지하였습니다. 이 시기 백제는 개로왕의 죽음과 수도의 상실이라는 뼈아픈 상처를 입었습니다.

한국사 vs 세계사 한 번에 이해하기

414년 고구려, 광개토대왕릉비 건립

중국 지린성 지안에 위치한 광개토대왕릉비는 높이 6.39m에 이르는 자연 화강암에 아름다운 **예서체***로 1,755자를 새겨 넣은 거대한 비석입니다. 광개토대왕의 맏아들 장수왕이 만주를 호령하던 아버지 광개토대왕의 업적을 길이 후손에 전하기 위해 세운 것입니다.

★**예서체** 한자의 붓글씨체 중 하나로, 점획을 간략하고 부드럽게 쓰는 게 특징이다. 중국 진나라 시대에 만들어졌다. 예서隸書라는 이름은 노예 계급의 사람들도 쉽게 익히고 이해할 수 있도록 만든 서체라는 데서 유래했다.

427년 고구려의 평양성 천도

장수왕은 중국 지린성 지안에 있던 국내성에서 평양성으로 천도를 단행했습니다. 수도를 옮긴 목적은 남진 정책을 추진하여 과거 고국원왕을 죽음으로 몰아넣었던 백제를 공격하기 위해서였습니다.

▶ 고구려가 427년 평양성으로 천도하며 건립한 안학궁에서 출토된 기와. 안학궁은 고구려가 567년 장안성으로 천도할 때까지 고구려 왕궁으로 사용됐다.

433년 나제 동맹 결성

나제 동맹이란 신라의 눌지왕과 백제의 비유왕 사이에 맺어진 고구려에 대한 공수 동맹을 말합니다. 고구려 장수왕의 압박으로 고통을 받던 두 나라는 고구려의 남하를 막기 위해 나제 동맹을 결성했으며, 이 동맹은 후에 혼인 동맹으로 발전했습니다.

439년 중국 남북조 시대의 성립

중국 북쪽에 세워진 5호16국을 통일한 나라가 선비족이 세운 북위입니다. 그리고 강남 지방으로 쫓겨 간 한족은 동진을 세웠고, 그 후 송, 제, 양, 진의 순으로 나라가 이어졌는데 이와 같이 중국의 남과 북에 각각 왕조가 공존하던 시대를 '남북조 시대'라고 합니다.

475년 백제의 웅진 천도

백제는 고구려 장수왕의 공격으로 **위례성***이 함락되고, **개로왕***이 고구려군에 잡혀 비참하게 죽음을 당하는 국가적 위기에 처했습니다. 이에 개로왕의 아들 문주왕은 수도를 웅진(지금의 공주)으로 옮겼고 국난을 수습하기 위해 힘을 쏟았습니다.

> ★ **위례성** 백제 초기의 도읍지. 백제의 시조 온조왕이 고구려에서 남쪽으로 내려와 이곳을 도읍으로 정했다.
>
> ★ **개로왕** 백제의 21대 왕. 중국 위나라에 고구려 토벌을 위한 원군을 청했으나 거절당했다.

▲ 웅진 천도 후 방어를 목적으로 축조한 산성인 공산성의 정자. 충북 공주에 있으며, 백제 때는 웅진성으로 불렸다가 고려 시대 때부터 공산성으로 불리기 시작했다.

476년 서로마 제국의 멸망

게르만족의 대이동으로 로마 제국은 혼란에 빠졌습니다. 황제 발렌스가 전사하는가 하면, 로마가 서고트족과 반달족에게 약탈을 당하는 수모를 겪기도 했습니다. 이름만 유지되던 서로마 제국은 476년 게르만 용병 대장 출신인 오도아케르가 서로마의 마지막 황제인 로물루스 아우구스툴루스 황제를 폐위시키면서 역사 속으로 사라졌습니다.

▶ 오도아케르에게 황제 자리를 넘기는 로물루스 아우구스툴루스의 모습

486년 프랑크 왕국의 건국

프랑크족의 지도자 클로비스는 486년 수아송 전투에서 로마 총독 시아그리우스를 물리치고 프랑크 왕국을 세워, 메로빙거 왕조를 열었습니다. 그 후 그는 부하들을 이끌고 정통 가톨릭으로 개종하여 서로마 제국의 계승자가 됐습니다.

▶ 가톨릭 세례를 받고 있는 클로비스

494년 부여, 고구려에 복속

부여는 초기 국가 중 쑹화강 유역에 자리 잡은 큰 나라였지만 왕권이 약했습니다. 고구려를 세운 주몽도 부여 출신이었습니다. 494년 부여를 복속시킨 고구려는 만주를 장악한 대국으로서 중국과 대등한 나라가 되었습니다.

건축물로
국력을 과시하라?

고대 국가들은 많은 사람을 동원해, 현대의 최신 장비로도 재현하기 어려운 건축물을 만들며 통치자의 권력을 과시했습니다. 중국의 5호16국 시대를 통일한 북위의 황제들은 북방 민족으로서 중국 화베이 지방을 다스릴 수 있다는 사실에 기뻐하며, 중국 남북조 시대를 대표하는 석굴사원에 자신들의 얼굴을 형상화한 부처를 조각했습니다.

이러한 모습은 삼국 시대에도 나타났습니다. 장수왕은 아버지 광개토대왕의 업적을 후대에 알리기 위해 광개토대왕릉비를 세웠습니다. 장수왕 또한 광개토대왕 못지않게 국력을 신장시켜 중국 남북조를 아우르는 외교를 펼쳤으며, 남하 정책을 위해 수도를 평양성으로 천도했습니다. 백제와 신라는 고구려 장수왕의 남하를 막기 위해 '나제 동맹'을 결성하기도 했습니다. 만주에는 '동방의 피라미드'라고 불리는 거대한 고구려 무덤이 있는데, 학자들은 이 무덤이 장수왕의 것이라고 보고 있습니다.

다음에서는 고대 국가들이 국력을 과시하기 위해 조성했던 건축물들을 함께 살펴보겠습니다.

어라, 부처의 얼굴이 황제의 얼굴?

중국의 3대 **석굴 사원***으로는 윈강雲崗 석굴, 룽먼龍門 석굴, 둔황敦煌 석굴이 있습니다. 이들 중 산시성에 있는 윈강 석굴사원과 허난성 뤄양에 있는 룽먼 석굴사원은 모두 북위에 의해 만들어졌습니다.

먼저, 선비족인 탁발씨들이 세운 북위가 윈강 석굴을 조성하게 된 것은 종교 장관이었던 담요曇曜가 제2대 황제인 문성제文成帝에게 석굴 조영을 건의했기 때문이라고 전합니다. 이때 조성된 다섯 동굴을 그의 이름을 따 '담요 오굴'이라고 부릅니다.

부드러운 사암으로 이루어진 낮은 절벽에는 대굴 21개, 중굴 20개, 그리고 수많은 소굴과 불감 등이 조성되었습니다. 윈강 석굴사원의 거대한 불상에는

북위 초기 다섯 황제의 얼굴이 차례대로 조각되어 있어 불교를 통치 이념으로 활용했음을 잘 보여 줍니다.

494년 북위의 7대 황제 효문제孝文帝는 한화 정책漢化政策을 위해 수도를 뤄양으로 옮겼습니다. 한족의 언어를 쓰고 의복을 입게 하고 성도 한족식으로 바꾸게 한 그는 뤄양에 룽먼 석굴 사원을 조성했습니다. 룽먼 석굴사원의 불상들은 조각이 한층 정밀하고 우아하며, 불상의 복식이 당시 학자의 의상을 그대로 재현하고 있어 한화 정책의 영향을 엿볼 수 있습니다. 룽먼 석굴 중 **빈양싼둥**賓陽三洞★을 조성하기 위해 북위가 24년 동안 총 80만 명을 투입하였다고 하니, 석굴 조성이 실로 국가적인 사업으로 완성되었음을 알 수 있습니다.

둔황 석굴 역시 4세기 전진 시대부터 약 1,000년 동안 무려 1,000개가 넘는 석굴이 만들어졌다고 하니 정말 대단하지 않나요?

동방의 피라미드, 장군총

고구려 철갑 기병들이 말을 달리던 중국 지린성 지안에는 지금도 약 1만여 기에 달하는 고구려 고분들이 있습니다. 비록 세월이 지나 퇴락했지만 옛날의 웅대한 자태를 잘 간직하고 있습니다. 2004년 유네스코에 의해 세계 문화유산으로 지정된 장군총도 원래 중국 당국의 정비 작업 이전에는 고분을 지탱하던 돌들이 사라지고 무너질 위기에 처하는 등 보존 상태가 매우 심각했다고 합니다.

'동방의 피라미드'라고도 불리는 장군총은 전형적인 고구려 양식의 돌무지 무덤으로, 부장품들이 모두 도굴되어 누구의 무덤인지 정확히 알 수 없으나 학

자들은 장수왕의 왕릉으로 추정하기도 합니다.

장군총은 잘 다듬은 화강암으로 7층의 단을 계단식으로 쌓아 올렸으며, 전체 높이는 약 13m, 맨 아랫단의 길이는 29.34m입니다. 이 거대한 고분에 사용된 화강암은 무려 1만 9,000톤(5톤 트럭 약 3,800대 분량)이며, 흙은 총 1만 2,000톤 (5톤 트럭 약 2,500대 분량)에 달합니다. 이 물량으로 미뤄 볼 때, 총 동원된 인력 은 약 7만 명으로 추정됩니다. 이는 고구려가 왕의 무덤 하나를 만들기 위해 얼 마나 많은 피지배층을 동원했는지를 보여 주는 대목입니다. 더욱이 장군총에 사용된 돌들은 주변에 돌산이 없어, 약 16km나 떨어진 산의 채석장에서 실어 나른 것으로 추정됩니다.

한 지배자의 무덤을 위해, 힘없고 가난한 수많은 사람들이 그 무거운 돌들을

짊어지고 수십 킬로미터 떨어진 길 위를 땀을 뻘뻘 흘리며 걸어가는 광경을 상상해 볼까요?

각 면의 적석이 밖으로 밀려나가지 않도록 사방에서 받치고 있는 거대한 호분석護墳石만 그 높이가 5m입니다. 결국 무덤의 주인공을 '위대한 자연의 통치자'로 떠받들기 위해 설치했던 것으로 생각됩니다.

'돌아가리로다'를 외치고 낙향한 도연명

돌아가리로다

고향의 전원은 황폐해 가는데

내 어이 아니 돌아가리

정신을 육체의 노예로 만들고

그 고통을 혼자 슬퍼하고 있겠는가

잘못 들어섰던 길 그리 멀지 않아

지금 고치면 어제의 잘못을 돌이킬 수 있으리다

그 유명한 도연명의 「귀거래사歸去來辭」 중 첫 구절입니다. 도연명은 중국 동진 말의 시인으로 창장강 남안 심양의 농촌에서 태어났으며, 본명은 도잠이고 자가 연명입니다. 그가 「귀거래사」를 짓게 된 데는 숨은 이유가 있습니다.

　　405년, 도연명이 서른 되던 날, 펑쩌현의 현령으로 부임하게 되었습니다. 그리고 얼마 지나지 않아 예복을 입고 군의 순시관을 만나고 오라는 명을 받았습니다. 그러자 그는 "닷 되 되는 쌀 봉급 때문에 허리를 굽히고 향리의 소인에게 절을 해야 하느냐?"라고 개탄하면서, 그날로 사의를 표하고 고향에 돌아갔습니다. 그가 현령으로 부임한 지 80일 만이었습니다.

　　이때 그가 고향으로 돌아가며 심경을 읊은 시가 「귀거래사」입니다. 세속과 결별하겠다는 단연한 의지와 기개가 담겨 있는 시이기도 하지요. 술을 무척 좋아했다는 그는 자연을 노래한 시를 짓기도 하고 괭이를 들고 밭을 갈고 씨를 뿌리는 농사를 짓기도 하며 한가로이 생을 보냈습니다. 도연명은 당시의 사람들로부터는 경시를 받았지만 당나라 이후로는 육조六朝 최고의 시인으로 칭송받았습니다.

첩보전에 무릎 꿇은 백제 개로왕

5세기는 고구려의 전성기였습니다. 이때 고구려 장수왕은 백제 근초고왕에게 죽임을 당한 고국원왕의 원수를 갚겠다고 벼르고 있었습니다. 장수왕은 이 계획을 그리 오래 지나지 않아 차근차근 실행에 옮깁니다. 승려 **도림***을 백제에 첩자로 보내 매일같이 내기 바둑을 두게 하는가 하면, 필요도 없는 토목 공사를 진행하도록 부추겼습니다. 그 결과 백제의 재정이 바닥났다는 도림의 보고를 받은 장수왕은 475년 3만 명의 군사를 이끌고 백제를 침공하여 단 7일 만에 위례성을 함락시켰고, 도망가던 개로왕을 붙잡아 아차산 아래에서 얼굴에 세 번 침을 뱉는 수모를 안긴 뒤 죽였습니다.

★도림 고구려 중기의 승려. 장수왕의 밀사로, 백제에 들어가 내정을 살폈다. 개로왕에게 이런저런 국사를 제안해 국고를 탕진하게 했다.

망부석의 전설을 낳은 만고의 충신 박제상

신라 눌지왕은 왕위에 오른 뒤 고구려에 볼모로 붙잡혀 있는 동생 복호를 그리워하며 밤잠을 제대로 이루지 못했습니다. 이를 안타깝게 여긴 충신 박제상은 왕의 소원을 풀어 주고자 고구려로 갔습니다. 그는 온갖 어려움을 무릅쓰고 고구려 왕을 설득한 끝에 복호를 신라로 데려오는 데 성공했습니다.

복호를 맞이하며 눈물을 글썽이던 눌지왕이 곧 깊은 탄식을 내뱉었습니다. 왜국에 인질로 가 있는 둘째 동생 미사흔도 그리웠기 때문입니다.

이에 박제상은 그를 간절히 기다리고 있는 아내에게 인사조차 못 한 채 곧장 왜국으로 향했고, 마침내 미사흔을 탈출시켰습니다. 하지만 자신은 체포되어 모진 고문을 당했고, 왜의 협박과 회유에도 굴하지 않고 충절을 지키다가 순국했습니다. 전설에 의하면, 박제상의 부인은 매일같이 경주 남산에 올라가 동해를 바라보며 남편을 기다리고 또 기다리다가, 아래부터 몸이 점차 굳어져 망부석이 되었다고 전해집니다.

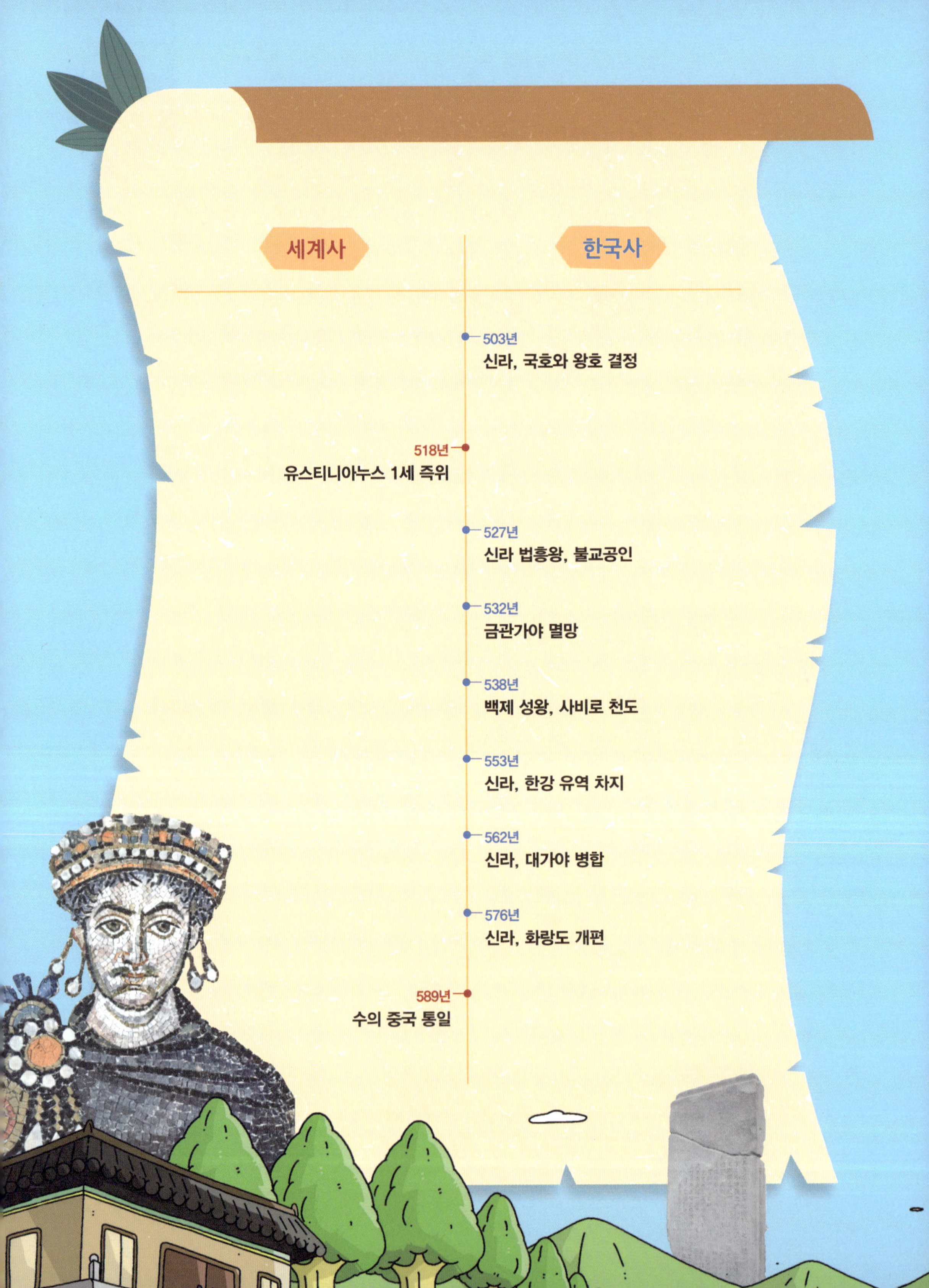

세계사
한국사

503년
신라, 국호와 왕호 결정

518년
유스티니아누스 1세 즉위

527년
신라 법흥왕, 불교공인

532년
금관가야 멸망

538년
백제 성왕, 사비로 천도

553년
신라, 한강 유역 차지

562년
신라, 대가야 병합

576년
신라, 화랑도 개편

589년
수의 중국 통일

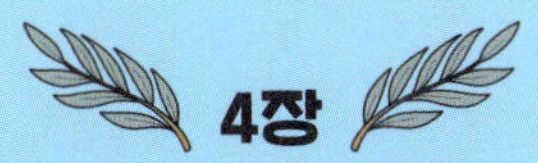

4장

남북조의 분열기를
수가 통일하다

6세기 중국은 왕조가 자주 교체되고 전쟁이 끊이지 않았던 남북조 시대였습니다. 589년, 수나라는 마침내 남북조 시대를 통일했습니다.

서양에서는 비잔티움 제국의 전성기가 시작되었는데, 그 중심에는 황제 유스티니아누스 1세가 있었습니다. 그는 영토 확장에 힘쓰며 게르만족이 세운 반달Vandal 왕국과 서고트西Goth 왕국을 멸망시켜 비잔티움 제국의 영토를 크게 넓혔습니다. 또한 유스티니아누스 법전을 반포하고, 비잔티움 양식의 성 소피아 대성당을 완공해 찬란한 문화유산을 남겼습니다.

이 시기 우리나라는 삼국 중 신라가 전성기를 맞이했습니다. 신라는 먼저 백제와 연합해 고구려로부터 한강 유역을 빼앗았고, 관산성 전투에서 백제 성왕을 전사시키기도 했습니다. 이후 한강 유역을 차지해 중국과의 교통로를 확보했으며, 남북조 시대를 통일한 수나라와도 외교적 연합을 시도했습니다.

503년 신라, 국호와 왕호 결정

신라는 삼국 중 발전이 가장 늦은 나라로 서라벌, 서벌, 사로 등 여러 이름으로 불렸습니다. 왕호 역시 한동안 중국식 격식에 미치지 못해 '왕王' 자를 사용하지 못하고 '이사금', '마립간' 등의 호칭을 썼습니다. 그러다가 제22대 지증왕智證王에 이르러서야 비로소 국호를 '신라'로 정하고, 왕호도 마립간에서 '왕王' 자를 처음 사용하게 되었습니다.

518년 유스티니아누스 1세 즉위

비잔티움 제국의 가장 위대한 황제로 평가되는 유스티니아누스 1세는 정복 사업을 통해 제국의 영토를 크게 확장시켜 갔습니다. 성 소피아 대성당Hagia Sophia을 건설하고, **로마법 대전***을 완성했으며, **비잔티움 교회***로부터 성인으로 추앙받았으며, '대제大帝'라는 칭호를 얻었습니다.

★로마법 대전 법학자들에게 명해 황제 입법을 집대성하도록 만든 로마 법전. 공법과 사법을 분리해 근대법 정신의 원류가 되었다. 유스티니아누스 법전이라고도 한다.

★비잔티움 교회 그리스 정교회. 동로마 제국의 국교로서 콘스탄티노폴리스를 중심으로 발전한 크리스트교의 한 교파

▶ 유스티니아누스 1세

527년 신라 법흥왕, 불교의 공인

신라에 불교가 처음 들어온 것은 5세기경 고구려 승려 묵호자에 의해서였습니다. 그러나 신라의 고유 신앙이 강했기 때문에 불교는 국교화되지 못했었지요. 그러다가 527년, 법흥왕 때 이차돈의 순교를 계기로 국가적으로 불교가 공인되었습니다.

▶ 묵호자

532년 금관가야 멸망

가야는 하나의 통일 국가로 발전하지 못하고, 가야 연맹체를 형성해 존재했습니다. 전기 가야의 맹주국은 지금의 김해 지역을 중심으로 발전한 '금관가야'였습니다. 법흥왕은 금관가야를 병합하여 김해평야를 신라 영토에 편입시켰습니다.

538년 · 백제 성왕, 사비로 천도

백제의 중흥을 이룩한 왕이 성왕입니다. 그는 협소했던 웅진(공주)에서 사비(부여)로 수도를 옮기고, 국호를 남부여로 고쳤습니다. 또한 22부의 중앙 행정 관청을 설치했습니다.

▶ 부여에 있는 사비성 정문. 사비로 천도한 이후 멸망할 때까지 왕성으로 쓰였다.

553년 · 신라, 한강 유역 차지

나제 동맹을 통해 백제와 함께 고구려를 공격하여 한강 유역을 되찾은 신라는 중국과의 교통로를 탐낸 나머지 백제마저 배신하고 한강 유역을 홀로 차지해 버렸습니다. 이로써 신라는 당항성을 통해 중국과 직접 통교할 수 있게 되었습니다.

562년 · 신라, 대가야 병합

신라의 전성기를 이끈 진흥왕은 532년 금관가야를 멸망시킨 뒤, 가야를 이끌며 맹주국 역할을 하던 대가야까지 병합했습니다.

▶ 진흥왕 순수비

576년 · 신라, 화랑도 개편

신라의 진흥왕은 화랑도를 국가에서 지원하는 청소년 군사·수양 조직으로 만들었습니다. 화랑과 낭도로 구성된 화랑도는 평상시에는 명산대천名山大川을 찾아다니며 심신수양을 했고, 전시戰時에는 목숨을 바쳐 국가를 위해 싸움으로써 삼국 통일의 원동력이 되었습니다.

589년 · 수의 중국 통일

수隋나라는 북주北周의 고관이었던 양견이 북주 정권의 혼란을 틈타 군사력을 장악하고 장안을 수도로 하여 세운 나라입니다. 사후 **문제**文帝*라 칭해진 그는 589년 한족이 세운 남조의 진陳을 멸망시켜 남북조를 통일하는 위업을 달성했습니다.

★문제 중국 수나라의 초대 황제. 본명은 양견. 남북조를 통일하였다. 과거제와 균전제를 실시하고 중앙집권을 확립했다.

종교가
기적을 낳았다?

서양 중세는 로마 가톨릭의 시대라 할 수 있습니다. 프랑크 왕국을 세운 클로비스 왕은 정통 로마 가톨릭으로 개종하고, 가톨릭과의 융화를 통해 권력 안정과 정통성 확보를 꾀했습니다. 이후 가톨릭은 서양 중세를 지배하는 종교로 자리 잡았으며, 가톨릭을 통한 각종 기적과 성인들의 행적으로 신앙심이 더욱 굳어졌습니다.

반면, 우리나라 삼국 시대의 신라에서는 국왕이 받아들이려는 불교에 대해 귀족과 백성의 반감이 매우 심했습니다. 불교를 국가의 통치 이념으로 선포할 방법을 고민하던 법흥왕에게 이차돈이 자신의 목숨을 바치겠다는 제안을 했고, 그의 순교 이후 기적이 일어나자 국가적 불교 공인이 본격화되었습니다.

이제부터는 서양과 동양, 서로 다른 공간에서 같은 시기에 나타난 종교적 기적의 사례들을 살펴보겠습니다.

성가를 세상에 내놓은 그레고리우스 1세

그레고리오 성가는 로마 교회에서 의식 때 단선율로 부르는 무반주 성가로, 오늘날까지도 가톨릭의 공식 성가로 사용되고 있습니다.

이 성가를 제정한 교황 그레고리우스 1세는 '주여, 불쌍히 여기소서'와 '그리스도여, 불쌍히 여기소서'라는 기도에 신자들이 성가로 화답하도록 했으며, **알렐루야**alleluia*를 교회력 전체 기간 동안 사용하도록 지시했습니다. 사실 그는 교황을 두 명이나 배출한 로마의 유서 깊은 귀족 가문 출신이었습니다. 오랫동안 수도사 생활을 꿈꿔왔던 그는 사재를 털어 수도원을 여섯 개나 세웠고, 590년 만장일치로 최초의 수도사 출신 교황으로 선출되었습니다.

그가 경험했다는 환상에 관한 일화는 매우 유명합니다. 어느 날 그가 전염병으로 피해 입은 사람들을 위로하며 3일간 참회 기도를 하면서, 성 베드로 대성당에서 로마 황제 하드리아누스의 영묘를 다녀오던 길이었습니다. 바로

그때 대천사 미카엘이 손에 칼을 든 채 무덤 위를 맴도는 모습을 목격했습니다. 그는 이 환시가 사람들의 기도에 대한 응답이라고 믿었고, 전염병이 곧 끝날 것이라고 선포했습니다. 놀랍게도 그날 이후로 더 이상 전염병 환자가 생기지 않았다고 합니다.

그레고리우스 교황은 뛰어난 외교술로 로마 교회의 독립성을 확립하고, 랑고바르드족과 앵글로 – 색슨족, 프랑크족에게까지 종교를 전파하며 역사에 이름을 남겼습니다.

불교의 기적을 보여 준 이차돈의 죽음

이차돈은 우리나라 최초로 순교한 불교 신자입니다. 불교가 처음 신라에 전해진 시기는 5세기 무렵입니다. 눌지왕 때 고구려 승려인 묵호자가 신라에 들어와 불교 교리를 여러 사람에게 가르쳐 주었는데요. 당시 신라는 소백산맥이라는 험준한 산맥에 가로막힌 지형적 특성 때문에 독자적인 문화와 고유 신앙에 대한 믿음이 매우 강해 새로운 사상을 쉽게 받아들이려 하지 않았습니다.

당시만 해도 불교를 믿는 사람들은 몰매를 맞거나 잔인한 집단 폭력을 감당해야 했습니다. 특히 신라의 귀족들은 천경림天鏡林이라고 불리는 숲에 토속신이 깃들어 있다고 믿으며, 그 숲을 신성시했습니다.

어느새 불교 신자로서 깊은 신앙을 가지게 된 법흥왕은 이 천경림에 신라 최초의 절을 지어 불교를 국교로 만들고자 했으나 신라 귀족들의 반대를 어떻게 꺾어야 할지 매우 난감했습니다. 이때, 법흥왕의 충실한 신하이자 독실한 불교 신자였던 이차돈이 법흥왕에게 순교殉敎★를 자청하고 나섰습니다. 이차돈의 사람됨을 잘

★순교 모든 압박이나 박해를 물리치고 자신의 신앙을 지키기 위하여 목숨을 바치는 일

아는 법흥왕은 그를 아껴 이를 말렸지만, 그의 뜻은 단호했습니다.

끝내 그의 뜻을 꺾지 못한 법흥왕은 천경림에 절을 짓는 공사를 강행하기로 했습니다. 아니나 다를까, 신하들의 반발이 거셌습니다. 법흥왕은 이차돈과 미리 입을 맞춘 대로 사찰 건립 책임자 명단에 있던 이차돈을 처형하겠다고 선언했고, 귀족들이 지켜보는 가운데 그의 목을 베었습니다. 그러자 놀라운 일이 벌어졌습니다. 이차돈의 목이 높이 날아올라 금강산에 떨어졌고, 붉은 피 대신 흰 피가 솟구쳤으며, 검은 하늘에서는 꽃비가 쏟아져 내렸습니다. 이 기적을 두려움과 감격 속에 지켜보던 신라 사람들은 마침내 불교를 받아들이게 되었습니다. 그리고 527년, 법흥왕은 불교를 국교로 공식 인정하였습니다.

비잔티움의 문화유산,
성 소피아 성당

유스티니아누스 1세는 콘스탄티누스 대제가 '성스러운 지혜(성 소피아)'에 바친 성당이 **니카의 반란***으로 파괴되자 그 자리에 다시 웅장한 성당을 새롭게 세웠습니다.

★니카의 반란 532년 비잔티움 제국의 수도 콘스탄티노폴리스에서 약 일주일에 걸쳐 일어난 반란이다. 당시 비잔티움 제국에서 일어난 가장 큰 규모의 반란으로, 하기아 소피아를 비롯한 수많은 건물이 파괴되었다. 유스티니아누스 1세의 진압으로 약 3만 명 이상이 죽었다.

성 소피아 성당은 트랄레스의 안테미오스와 밀레토스의 이시도르스가 설계했다고 전해집니다. 100명의 감독 아래 1만 명의 인부가 동원되어, 결국 5년 10개월 만에 완공되었습니다.

성당은 돔을 올린 바실리카 양식으로 지어졌으며, 내부는 아름다운 모자이크로 장식되었습니다.

완성 직후 헌당식에 참가한 유스티니아누스 1세는 너무나 웅대하고 아름다운 모습에 "오! 솔로몬이여! 나, 그대에게 이겼노라!"라고 외쳤다고 합니다.

오스만 제국의 지배하에 있던 1453년부터 1931년까지는 성당 앞에 네 개의 첨탑을 세우고 모자이크에 회칠을 하여 이슬람 사원으로 사용했습니다. 너무나 견고하게 지어져 부수는 것이 보통 일이 아니었기 때문입니다. 그리고 1935년, 튀르키예 정부가 박물관 공사를 위해 회칠한 벽을 벗겨내자 그 안에 전혀 손상되지 않은 모자이크 성화들이 찬란히 보존되어 있어 사람들의 감탄을 자아냈다고 합니다. 성 소피아 성당은 5만여 명의 사상자가 났던 1999년 튀르키예 대지진 때도 홀로 지진을 이겨내고 우뚝 서 있어 세계 건축가들의 찬사를 받았습니다. 현재는 박물관으로 운영되며, 여전히 세계 각지에서 많은 방문객이 찾고 있습니다.

▲ 비잔티움 건축의 대표작인 성 소피아 성당

백제의 타임캡슐, 금동대향로

1993년, 능산리 고분 근처의 논 한가운데 웅덩이에서 1,300여 년 동안 잠들어 있던 백제 시대 금동대향로가 발굴되었습니다. 향로의 꼭대기에는 여의주를 물고 하늘로 올라가는 봉황새가 생동감 넘치게 조각되어 있었고, 받침에는 용이 발톱을 웅크리고 있었으며, 몸통에는 연꽃잎이 조각되어 있었습니다. 이것만 봐도 백제 사회에 끼친 도교와 불교의 영향을 짐작할 수 있습니다.

향로의 뚜껑에는 각각 다양한 악기를 연주하는 다섯 악사가 조각되어 있어, 이전에 알려지지 않았던 백제 음악사에 대한 소중한 정보를 제공했습니다. 또한 향로에는 봉래산을 상징하는 74개의 봉우리와 39마리의 동물, 열여섯 명의 사람이 조각되어 있었습니다. 향로의 아랫부분에는 26마리의 동물과 세 명의 사람이 새겨져 있었는데, 그중에는 사냥하는 사람도 있었고, 반은 사람이고 반은 동물인 기괴한 모습도 있었습니다. 열대 지방의 동물인 원숭이도 조각되어 있어 당시 백제가 열대 지방 국가들과도 교류했음을 보여 줍니다.

중국 남조의 영향을 받은 금동대향로는 시공을 초월하여 우리에게 백제의 문화를 알려 주는 하나의 타임캡슐과도 같습니다.

▲ 금동대향로

세계사

한국사

608년
수양제, 대운하 건설

610년
무함마드, 이슬람교 창시

612년
고구려, 살수대첩 승리

618년
당의 건국

622년
이슬람교, 헤지라 원년 시작

630년
일본, 견당사 파견

632년
정통 칼리프 시대의 개막

645년
일본, 다이카 개신

645년
고구려, 안시성 싸움에서 승리

660년
백제의 멸망

661년
우마이야 왕조의 시작

668년
고구려의 멸망

676년
신라의 삼국 통일 완성

682년
통일신라, 국학 설치

698년
발해의 건국

당나라와 이슬람 제국, 세계 제국으로 우뚝 서다

7세기 중국에서는 수나라에 이어 당나라가 세계적인 제국으로 성장하면서 한반도, 일본, 베트남 등 동아시아 문화권에 영향을 미쳤습니다. 서아시아에서는 무함마드가 이슬람교를 창시했고, 이슬람 제국은 정통 칼리프 시대를 거쳐 아라비아 반도를 장악했습니다. 이후 우마이야 왕조가 북아프리카와 유럽의 이베리아 반도에 이르는 광대한 영토 확장을 시작했습니다.

우리나라에서는 고구려가 수와 당나라의 침입을 여러 차례 격퇴했으나 국력이 쇠약해지면서 나당 연합을 결성한 신라에 의해 멸망하며 삼국 시대가 끝이 났습니다. 그러나 당나라가 신라마저 지배하려고 하자, 신라는 고구려·백제 유민으로 구성된 부흥군과 힘을 합쳐 7년간 통일전쟁을 치른 끝에 당나라를 몰아내는 데 성공했습니다. 한편 만주에서는 고구려 장군 대조영이 고구려 유민들과 말갈족을 이끌고 발해를 건국했습니다. 이로써 7세기 우리나라에는 남북국 시대의 막이 올랐습니다.

한국사 vs 세계사 한 번에 이해하기

608년 | 수양제, 대운하 건설

수의 2대 황제 양제煬帝는 부하를 시켜 아버지 문제를 죽이고 왕위에 올랐습니다. 그의 최대 업적은 100만여 명을 동원하여 중국의 남북을 관통하는 대운하大運河를 완성한 것입니다. 황허강에서 화이허淮河 강까지 이어지는 대수로는 당나라를 거쳐 송나라 시기까지 중국 남북 교통의 중요한 대동맥 역할을 했습니다.

◀ 수양제가 완성한 대운하

610년 | 무함마드, 이슬람교 창시

크리스트교, 불교와 함께 세계 3대 종교 중 하나인 이슬람교는 아라비아 출신의 선지자 무함마드에 의해 창시되었습니다. 이슬람교는 알라를 유일신으로 숭배하며, 알라의 계시를 모은 『코란』을 경전으로 삼아 신앙생활을 하는 종교입니다.

▲ 무함마드가 천사 가브리엘의 계시를 받는 모습을 묘사한 14세기 그림

612년 | 고구려, 살수대첩 승리

고구려가 통일된 수나라를 견제하여 **돌궐**＊과 손을 잡고 요서 지방을 공격하자, 수양제는 백만 대군을 이끌고 고구려를 쳐들어왔습니다. 그러나 고구려는 을지문덕 장군의 활약으로 30만 명의 수나라 별동대를 살수(청천강)에서 패퇴시키는 대승리를 거두었습니다.

★돌궐 몽골 고원에서부터 중앙아시아에 걸친 지역을 지배한 튀르키예계 유목 민족. 6세기 말, 수와 당의 공격으로 동서로 분열되었다.

618년 | 당의 건국

고구려에 대한 무리한 원정과 농민 반란으로 국력이 약해진 수나라에서 반란을 일으킨 이연李淵은 사실 수양제와 이종사촌입니다. 그는 수양제가 반란군인 **우문화급**＊에게 살해되자, 이연은 양제의 손자인 양유를 잠시 황위에 올린 뒤 스스로 천자를 자처하며 당나라를 세웠습니다.

◀ 중국 당나라의 초대 황제 고조 이연. 수나라가 고구려 원정의 실패로 흔들리자 군사를 일으켜 수를 멸망시키고 당을 세웠다.

★우문화급 수나라의 무신. 양제와 그의 아들 호侑를 죽이고 제위에 올라 국호를 허許라고 칭했다.

622년 · 이슬람교, 헤지라 원년 시작

헤지라^{hegira}란 아랍어로 '이주', '이탈'을 뜻하는 단어입니다. 이는 이슬람교의 창시자 무함마드가 쿠라이쉬족의 박해를 피해 처음 이슬람교를 창시했던 메카에서 **야스리브***로 이주한 일을 기념하는 말입니다. 이슬람교에서는 이 사건이 일어난 해를 이슬람력 원년으로 삼고 있습니다.

★**야스리브** 지금의 메디나. 사우디아라비아의 서부 헤자즈 지방에 있는 도시

▲ 카바 모스크. 무함마드가 야스리브에 도착한 후 지어진 역사상 최초의 이슬람 사원

630년 · 일본, 견당사 파견

견당사^{遣唐使}란 일본이 중국 당나라에 파견했던 사신을 가리킵니다. 이들은 주로 유학생이거나 승려였습니다. 이미 일본은 **쇼토쿠 태자*** 시절부터 수나라에 견수사^{遣隋使}라는 이름의 사신을 보내고 있었습니다. 수가 멸망하고 당이 들어서자 일본은 견당사를 파견하여 당나라의 문화를 받아들였습니다. 견당사가 가져온 서적을 비롯한 선진 문물은 일본 문화 발전에 큰 영향을 끼쳤습니다.

★**쇼토쿠 태자** 일본 아스카 시대의 왕족이자 정치가. 중국의 선진 문물과 삼국의 문화를 받아들여 법륭사를 세우는 등 불교를 발전시키고 고대 국가의 기틀을 닦았다.

▲ 견당사선. 견당사가 타고 간 배를 2010년에 재현했다.

632년 · 정통 칼리프 시대의 개막

칼리프^{caliph}란 아랍어로 '상속자'를 뜻합니다. 즉 무함마드를 잇는, 이슬람교를 정치적·종교적으로 이끄는 최고 통치자를 가리킵니다. 정통 칼리프 시대는 초대부터 4대 칼리프까지 아부 바크르·우마르·오스만·알리 등 네 명의 칼리프가 이슬람 제국을 이끌며 정복 사업을 전개하던 시기입니다. 이 시기에 이슬람 제국은 아라비아 반도를 넘어 시리아, 이라크, 이집트 지역으로 세력을 확대했습니다. 그러나 무함마드의 사위이자 4대 칼리프인 알리가 우마이야 가문에 의해 암살되면서, 정통 칼리프 시대는 막을 내렸습니다.

645년 일본, 다이카 개신

일본의 36대 국왕인 고토쿠 때 정변을 일으켜 실권을 장악한 나카노오에노 미코가 중앙집권적인 정치 체제를 마련하기 위해 실시한 정치 개혁입니다. 처음으로 연호를 제정하여 645년을 다이카 원년으로 삼았고, 도읍지를 나니와(지금의 오사카)로 정했으며, 4개 조의 개혁의 칙령을 발표하고 '일본'이라는 국호를 사용했습니다.

645년 고구려, 안시성 싸움에서 승리

고구려는 당나라의 침략을 막기 위해 만주의 부여성에서 비사성을 잇는 천리장성을 축조하고 있었습니다. 축조 공사 중에 연개소문이 정변을 일으켜 실권을 장악하자 당태종은 이를 구실로 대군을 이끌고 쳐들어왔습니다. 그러나 굳건한 안시성을 결코 무너뜨릴 수 없었습니다. 이후 성을 함락하기 위해 남쪽에 60여 일 산동안 토산土山을 쌓아 성 높이와 맞추었으나, 그 토산이 무너지는 바람에 결국 대패하고 물러났습니다.

660년 백제의 멸망

백제의 마지막 왕 의자왕이 사치와 방탕에 빠지자 당나라의 침략을 막기 위해 신라는 연합하여 백제를 공격하였습니다. 신라는 김유신이 이끄는 5만의 군대를, 당나라는 소정방이 이끄는 13만의 군대를 황해를 통해 공격에 투입했습니다. 백제는 황산벌 전투에서 **계백 장군***이 5,000 결사대를 이끌고 끝까지 항전하였으나 결국 멸망했습니다. 당나라는 그 자리에 웅진도독부를 비롯한 5도독부를 세웠습니다.

★**계백 장군** 나당(신라와 당) 연합군이 쳐들어왔을 때 신라 장수 김유신과 네 차례 싸운 끝에 전사했다.

661년 우마이야 왕조의 시작

우마이야 왕조(661년~750년)를 세운 사람은 3대 칼리프인 오스만의 육촌 동생이며, 다마스쿠스 총독이었던 우마이야 가문의 무아위야Muawiyah 1세입니다. 그는 살해당한 오스만의 복수를 내세워 4대 칼리프인 알리와 전쟁을 벌였고, 전쟁 과정에서 알리가 다른 파에 의해 암살당하자 분열된 이슬람 세계를 통합하여 우마이야 왕조를 세웠습니다. 8세기에 성립하는 후後 우마이야 왕조(757년~1031년)와 구분하여 전 우마이야 왕조라고도 부릅니다. 이후 이슬람교는 우마이야 왕조를 인정하는 다수파인 '수니파Sunni'와 우마이야 왕조를 찬탈자로 여기는 소수파인 '시아파Shiah'로 나뉘면서 현재까지 종파 간의 갈등이 이어지고 있습니다.

▶ 무아위야 1세

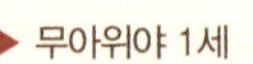

668년 고구려의 멸망

수·당과의 지속적인 항쟁으로 국력이 쇠약해진 고구려는 연개소문 사후, 그의 동생 연정토와 아들들 사이에 권력 다툼과 분열이 일어났습니다. 이를 틈타 나당 연합군은 공격을 이어갔고, 수도 평양성이 결국 함락되었습니다. 당나라는 고구려 옛 땅에 안동도호부 등 9개 도독부를 설치했습니다.

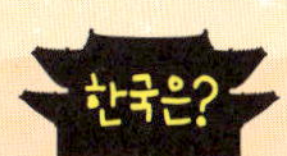

신라의 삼국 통일 완성

문무왕[*] 16년, 거대한 제국 당과의 7년에 걸친 힘겨운 전쟁 끝에 마침내 신라는 삼국 통일을 달성할 수 있었습니다. 당나라 육군은 신라를 완전히 지배하려 했으나 매소성 전투에서 크게 패했고, 이어 수군도 기벌포 전투에서 대패해 물러났습니다.

★**문무왕** 신라 30대 왕. 태종 무열왕의 맏아들로, 김유신과 함께 백제와 고구려를 멸망시키고 당나라 세력을 몰아냈다.

▶ 경주 감은사지 3층 석탑. 당나라를 격퇴하고 삼국 통일을 이룬 문무왕을 위해 신문왕이 지은 사찰에 세워진 석탑이다.

682년

통일신라, 국학 설치

신문왕은 유교적 학식을 갖춘 관리를 양성하기 위해 국학을 설치했습니다. 국학에서는 『논어』와 『효경』을 필수 과목으로 지정해 **박사**[博士][*]와 **조교**[助敎][*]가 15세에서 30세 사이의 학생들을 9년 동안 교육했습니다.

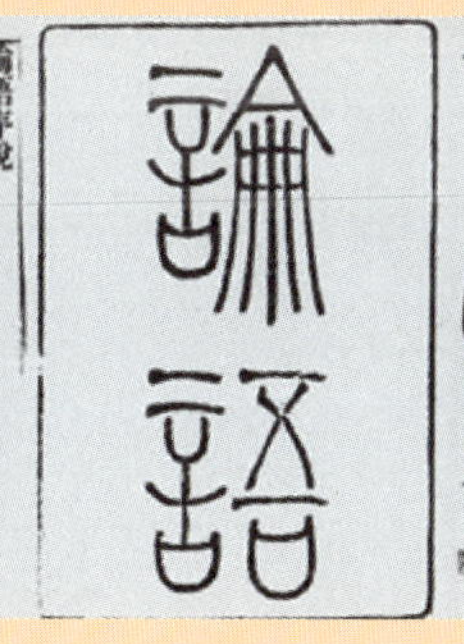

★**박사** 가르치는 임무를 맡거나 전문기술에 종사하는 사람에게 주던 벼슬. 신라의 국학뿐만 아니라 고구려의 태학, 고려의 국자감, 조선의 성균관과 규장각 등에 두었다.

★**조교** 국학을 보좌하며 경전이나 산학[算學] 등에 관한 교육을 맡았다.

◀ 공자의 『논어』

698년

발해의 건국

발해는 고구려의 부흥 운동 과정에서 건국되었습니다. 고구려 장군 대조영은 천문령 전투에서 당군을 격파한 후 고구려 **유민**[遺民][*]을 지배층으로, 말갈족을 피지배층으로 하여 나라를 세웠습니다. 수도는 동모산으로 정하고 국호를 진, 연호를 천통이라고 했습니다.

★**유민** 망해서 없어진 나라의 백성

권력을 잡기 위해
쿠데타로 정치사의 향방을
바꾼 사람들은?

7세기 무렵, 중국과 우리나라 그리고 서아시아에서는 군사를 일으켜 역사의 흐름을 뒤바꾼 인물들이 등장했습니다.

먼저 중국에서는 당을 건국한 고조의 둘째 아들 이세민이 정변을 일으켜 당태종에 등극했습니다. 서아시아 이슬람 제국에서는 4대 정통 칼리프인 알리와 군사적 충돌을 감행한 무아위야가 우마이야 왕조를 세웠습니다.

그렇다면 우리나라는 어땠을까요? 고구려에서는 천리장성을 축조하던 중 연개소문이 영류왕을 제거하더니 고구려 마지막 왕 보장왕을 세웠습니다. 그들의 막강한 압력 때문에 사람들은 찬탈자와 권력을 차지한 자 앞에서 숨을 죽이고 명령에 따를 수밖에 없었습니다. 그러나 한편으로는 치졸하고 부패한 세력들이 몰락하면서, 선정이 펼쳐지는 경우도 있었습니다.

다음에서는 권력을 찬탈했다는 공통점이 있는 당태종과 연개소문을 함께 살펴보겠습니다. 그들이 과연 시대를 빛낸 영웅이었는지, 아니면 권력에 눈먼 야심가였는지 한번 알아볼까요?

형을 활로 쏘아 죽이고 '정관의 치'를 이룬 당태종

당고조인 이연이 당나라를 건국할 때 가장 큰 공을 세운 사람은 차남인 **이세민***이었습니다. 그는 무공이 뛰어나고 결단력과 지혜를 갖춘 매우 용맹한 명장이었습니다.

수나라를 무너뜨리고 당을 세울 수 있었던 데는 사실 그의 공이 컸습니다. 그런데 형인 황태자 이건성과 막내 동생인 제왕 이원길은 날로 세력이 커져 가는 이세민을 시기하며, 자신들의 세력을 모아 그를 제거할 계획을 세웠습니다. 영민한 이세민은 이를 눈치채고는 처남 장손무기와 장군 이정, 서세적 등과 함께 역으로 공격할 계획을 짰습니다. 일단 아버지 당고조에게 형과 동생이 자신을 죽이려는 음모를 꾸미고 있다고 알린 뒤, 형

제들을 궁성으로 불러들이도록 아뢰었습니다. 그리고 왕의 부름을 받은 형제들이 현무문을 통과할 때에 이세민의 명을 받은 부하들이 이들을 모두 죽여버렸습니다. 이를 '현무문의 변'이라고 합니다.

이윽고 이세민은 당고조까지 위협하여 28세의 나이에 선양을 받아 황제가 되었습니다. 당이 세계 제국에 이른 것은 바로 이 당태종의 위업 때문이었습니다. 그는 돌궐을 비롯한 여러 이민족과 북방 민족을 통합하고 '천가한天可汗'이라는 칭호를 받았는데, 이는 천하의 **칸**[★] 중의 칸이라는 의미입니다.

국내적으로도 당나라의 중앙제도를 정비하여 3성 6부제와 백성들에게 토지를 균등하게 나눠 주는 균전제를 실시했습니다. 당나라의 법령인 율령격식도 그의 통치기에 완성되었습니다. 조세제도로는 조용조를, 군사제도로는 부병제를 실시했고, 학문을 사랑하여 각종 편찬 사업도 진행했습니다. 이러한 그의 통치 시기를 '정관貞觀의 치'라고 부르며, 중국 역사상 최고의 성군으로 평가받고 있습니다. 정관은 그의 연호입니다.

다섯 개의 칼을 항상 지니고 다녔던 연개소문

중국인들이 현재까지도 즐겨 보는 경극 중 하나가 「독목관」입니다. 이 경극에는 당태종 이세민과 설인귀, 그리고 연개소문이 등장합니다. 주요 내용은 연개소문에 패해 당태종이 위기에 빠져 있을 때 설인귀가 나타나 구해 준다는 이야기입니다.

1,400여 년 전 인물인 연개소문이 중국 경극 속에서 주요하게 그려진다는 사실만으로도, 그가 당시 중국인들에게 얼마나 전설적이고 공포스러운 인물이었

는지를 짐작할 수 있습니다.

연개소문은 안시성 전투에서 승리했을 당시 집권자였으며, 천리장성 축조의 책임자로 있던 중 군사를 일으켜 27대 왕 영류왕을 살해했습니다. 이후 642년부터 665년까지 23년간 **대막리지**大莫離支★로서 고구려를 통치했습니다.

『삼국사기』「열전」에 따르면, 연개소문은 몸에 칼을 다섯 개나 차고 다녔으며 감히 쳐다보지도 못할 정도로 위엄이 넘쳤다고 합니다. 말을 타거나 내릴 때마다 항상 귀족 출신의 장수를 땅에 엎드리게 한 뒤 그 등을 밟

★**대막리지** 삼국 시대 후기에 있었던 고구려의 으뜸 벼슬. 연개소문이 집권하고 나서 자신의 벼슬이던 막리지를 스스로 한 등급 올려 부른 것이다.

고 디뎠으며, 외출할 때는 반드시 군대를 먼저 풀어서 맨 앞에 인도하는 자가 큰 소리로 사람들에게 자신의 등장을 알리게 했습니다. 그가 출현하면 백성들

은 깊이 머리를 숙이거나 도랑으로 뛰어들어 숨었다고 전해집니다. 그만큼 그는 나는 새도 떨어뜨릴 것 같은 절대 권력자였습니다. 그러나 이것이 오히려 고구려에는 독이 되었습니다. 연개소문은 살아생전 숨 막히는 독재 정치를 전개해갔지만, 후계자들은 그를 따라가지 못했기 때문입니다. 그가 죽은 후에 후계자 자리를 놓고 그의 동생 **연정토***와 세 아들 남생, 남산, 남건 사이에 내분이 일어났습니다. 남생은 당에 투항하였고 남건이 평양성 문을 굳게 잠그고 항전하였으나 내부 분열로 성문이 열리면서 결국 고구려는 지도층의 분열 속에서 나당 연합군을 물리치지 못한 채 역사 속으로 사라졌습니다.

후궁에서 황제로 등극한 측천무후

측천무후^{則天武后}는 중국 역사상 유일한 여황제입니다. 그녀는 당태종의 후궁이었고, 그 후 고종의 후궁으로 들어가 황후가 되었습니다. 이후 고종을 대신해 정권을 장악하더니, 자신의 아들들을 중종과 예종으로 번갈아 왕위에 올리며 **수렴청정*** 을 했습니다. 나아가 국호를 '주'로 바꾸고 스스로 황제가 되어 15년간 공포 정치로 나라를 통치했습니다.

★수렴청정 왕이 어린 나이에 즉위했을 때 왕대비나 대왕대비가 대신 정사를 돌보던 일

처음에 측천무후는 당태종이 황후 장손씨를 잃은 그 이듬해에 그녀의 용모가 빼어나다는 얘기를 듣고 재인^{才人} 신분으로 궁에 들어왔습니다. 이때 그녀의 나이 겨우 14세였습니다. 그리고 태종이 죽을 때까지 후궁으로서 승은을 입지 못하다가 태종이 사망하자 황실의 전통에 따라 그녀는 머리를 깎고 감업사로 출가하여 비구니로 살아가게 되었습니다.

그런데 아버지의 후궁에 그간 눈독 들이고 있었던 당고종은 그녀를 다시 궁궐로 불러들였습니다. 고종의 총애를 받으며 4남 2녀를 낳았고, 이후 황후와 다른 후궁들을 내쫓고 정치적 암투를 시작했습니다. 그녀는 병든 고종을 대신해 섭정을 하며 권력을 휘둘렀습니다. 가장 먼저 고종의 외숙부이자 승상인 장손무기에게 자살하도록 강요하는가 하면, 장손씨 일가를 몰살시켰습니다. 그뿐만이 아니었습니다. 자기 핏줄에게도 비정한 어머니였습니다. 본래 황태자였던 이충을 멋대로 자리에서 내려 자신의 장남 이홍을 앉혔습니다. 하지만 아들의 세력이 커지자 위기감을 느낀 측천무후는 독약을 보내 그를 죽였습니다. 둘째 아들 이현^{李賢}도 황태자에 책봉되었으나 어머니가 보낸 자객에 의해 사살되었습니다. 고종이 사망하고, 다음 황태자인 셋째 아들 이현^{李顯}이 왕위에 오르

▲ 무주의 초대 황제 측천무후

▲ 측천무후 묘비. 그는 자신의 묘비에 한 글자도 새기지 말라는 유언을 남겼다.

니 그가 바로 중종입니다. 하지만 무슨 이유에서인지 얼마 안 되어 그를 폐위시켰고, 자신의 소생 중 막내아들인 이단을 황제에 올렸습니다. 바로 예종입니다.

그녀는 아들들이 왕좌에 있을 때 반대파들을 하나씩 제거하는 등 무서운 공포 정치를 시행했습니다. 그런데도 만족할 수 없자 마지막 아들 예종까지 내쫓고 결국 스스로 황제 자리에 앉았습니다. 나라 이름을 '대주'라 짓고 도읍지도 장안에서 뤄양으로 천도했습니다.

워낙 무자비한 공포 정치를 했기 때문일까요? 그 후로도 사람들은 숨을 죽이며 그녀의 통치에 복종했기에 그럭저럭 안정된 치세를 누릴 수 있었습니다. 그녀의 치세는 당태종의 '정관의 치'에 비유되어 '**무주**武周**의 치**'★라고 불리기도 합니다. 말년에는 병이 들어 신하들의 강권으로 중종에게 다시 황제 자리를 선양하고 사망했으며, 특이하게도 자신의 묘비에는 단 한 글자도 새기지 말라고 유언을 남겼다고 합니다.

★**무주의 치** 측천무후의 통치 기간을 부르는 말. 성인 무武씨와 그녀가 지은 나라 이름을 땄다.

전쟁터에서 시를 읊은 을지문덕 장군

수문제의 공격에 이어 612년, 수양제는 113만여 명의 대군을 이끌고 다시 고구려를 공격했습니다. 영양왕 23년의 일입니다. 수양제는 훈련된 별동대 30만 5,000명을 평양성 공략에 투입했습니다.

이에 을지문덕 장군은 청야淸野 작전으로 별동대를 곤경에 빠트립니다. 청야 작전이 뭐냐고요? '들판을 비운다'는 뜻으로, 적이 먹을 수 있는 곡식과 가축을 모두 감추고 우물물마저 말끔히 메워 버리는 것을 말합니다. 그런가 하면 하루에 일곱 번 공격하고, 일곱 번 도망치는 전술로 수나라 군대를 더욱 지치게 만들었습니다.

수군이 평양 30리 밖에 이르렀을 때 을지문덕 장군은 한문으로 된 오언시五言詩를 지어 수나라 장군 우중문에게 보냈습니다. 일종의 심리전이었습니다. 그 내용은 다음과 같습니다.

"그대의 신기한 책략은 하늘을 닿을 듯이 높고, 그대의 오묘한 계산은 진리를 다 했구려. 전쟁에 이긴 공이 이미 높으니, 이제 족함을 알고 돌아간들 어떠하리오."

그러고는 사람을 보내 군대를 철수하면 영양왕과 함께 수나라에 들어가 조공을 바치겠다는 거짓 의사를 표했습니다. 이 시를 읽고 우쭐해진 우중문은 자만하면서도, 또 한편으로는 자신의 군대가 지쳐 있었기 때문에 철군을 단행했습니다. 하지만 이런 절호의 기회를 놓칠 을지문덕이 아니었습니다. 을지문덕 장군은 살수(청천강)에서 후퇴하는 수군에게 맹공격을 퍼부었고 결국 대패시켰습니다. 이것이 바로 그 유명한 '살수대첩薩水大捷'입니다. 30만 5,000명 중 이때 살아 돌아간 수군이 고작 2,700여 명에 불과했다고 하니 정말 대단하지 않나요?

덕만공주가 여왕에 오를 수 있었던 까닭은?

삼국 시대에서 조선 시대까지, 우리나라의 왕은 모두 190명입니다. 그러나 그중 여왕은 단 세 명뿐입니다. 그 최초의 여왕은 바로 신라 27대 임금 선덕여왕입니다.

▲ 선덕여왕

신라에만 여왕이 존재했던 것은 그만의 독특한 제도인 골품제도 때문입니다. 골품제도란 신라의 엄격한 신분제도로서, 부모 모두 왕족인 성골만이 왕위를 계승할 수 있었습니다. 성골 아래에는 부모 중 한 쪽만 왕족인 '진골'이 있었고, 6두품*, 5두품, 4두품 등의 귀족들이 있었습니다. 이 골품을 유지하기 위해 성골 간에 근친 결혼을 계속해 오던 신라 왕실은 53년 간이나 통치하던 진평왕이 세상을 떠났을 때 왕위를 계승할 남자 성골이 아무도 남지 않게 되었습니다. 그래서 여자 성골로 진평왕의 장녀이면서 남다르게 총명했던 덕만공주가 왕위를 계승했던 것입니다. 덕만은 선덕여왕의 이름이며, 선덕은 그의 **시호***입니다.

　백제가 자주 신라를 공격하자 여왕이 통치하는 국가여서 그런 것이라고 당나라로부터 질타를 당하기도 했지만, 선덕여왕은 외교에 능한 김춘추와 전술에 능한 김유신의 보위를 받으며 신라를 안정적으로 이끌었습니다. 또한 **자장법사***의 건의를 받아들여 82m 높이의 황룡사 9층 목탑을 세웠으며, 선덕여왕이 하늘에 제사 지내던 단이라는 설이 있는, 동양 최대의 천문 기상 관측대인 첨성대를 세워 후대에 남겼습니다.

▶ 경주 첨성대

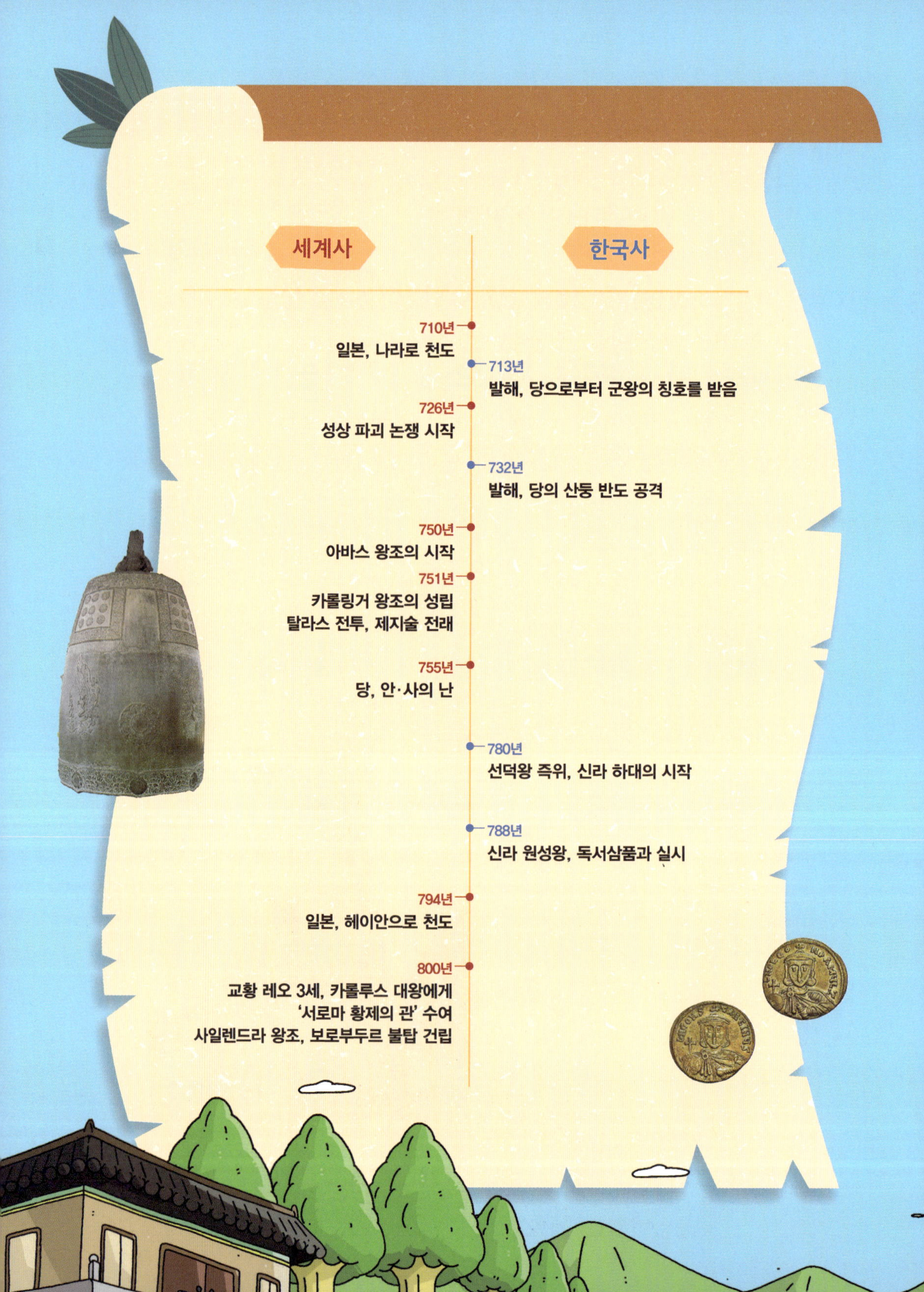

세계사
한국사

710년
일본, 나라로 천도

713년
발해, 당으로부터 군왕의 칭호를 받음

726년
성상 파괴 논쟁 시작

732년
발해, 당의 산둥 반도 공격

750년
아바스 왕조의 시작

751년
카롤링거 왕조의 성립
탈라스 전투, 제지술 전래

755년
당, 안·사의 난

780년
선덕왕 즉위, 신라 하대의 시작

788년
신라 원성왕, 독서삼품과 실시

794년
일본, 헤이안으로 천도

800년
교황 레오 3세, 카롤루스 대왕에게
'서로마 황제의 관' 수여
사일렌드라 왕조, 보로부두르 불탑 건립

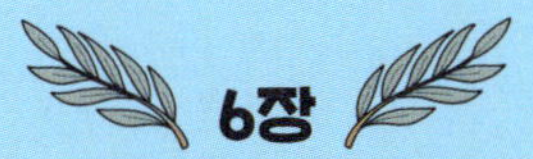

프랑크 왕국과 아바스 왕조, 전성기를 맞이하다

8세기에 중국의 세계 제국 당나라와 서아시아를 중심으로 하는 세계 제국 이슬람 제국의 아바스 왕조는 한판 승부를 벌였습니다. 당시 당나라 군대를 이끌던 최고 사령관은 고구려 후예인 고선지 장군이었고, 이 전투가 바로 탈라스 전투입니다. 결과는 당의 완패였고, 이때 붙잡힌 중국 포로에 의해 제지술이 이슬람을 거쳐 서양으로 전해졌습니다.

한편 서유럽에서는 세계사적 흐름이 전개되고 있었습니다. 프랑크 왕국의 전성기를 이끈 카롤루스 대제는 옛 서로마의 영토를 대부분 회복했고, 문화적으로도 카롤링거 르네상스를 일으켰습니다. 성상 숭배 문제로 비잔티움 제국과 대립하고 있던 로마 교황 레오 3세는 카롤루스 대제에게 서로마 황제관을 수여했습니다.

8세기 우리나라에서는 남북국 시대가 열려, 북쪽에서는 발해가, 남쪽에서는 통일신라가 발전했습니다. 한편 당나라는 안·사의 난을 계기로 점차 쇠락의 길을 걷게 되었습니다.

710년 일본, 나라로 천도

일본 43대 국왕인 겐메이 왕은 수도를 나라奈良로 옮기고 당의 수도인 장안을 본떠 헤이조 궁을 지었습니다. 그 후 70여 년 동안 나라에 도읍했던 율령 정치 시대를 '나라 시대'라고 합니다. 이 시기에 역사서인 『일본 서기』가 편찬되었고, 불교 문화도 크게 발전했습니다.

▶ 재건된 헤이조 궁. 헤이조쿄의 대표적 유적이다.

713년 발해, 당으로부터 군왕의 칭호를 받음

대조영이 고구려 유민들과 말갈족을 거느리고 새로 건국한 나라의 이름은 '진震'이었습니다. 그러다가 713년, 당이 대조영을 발해 군왕으로 책봉하면서 국호를 '발해'로 부르게 되었습니다.

726년 성상 파괴 논쟁 시작

비잔티움 제국의 황제 레오 3세는 이슬람 세력이 크리스트교를 비난한다는 이유를 내세워 제국 내 모든 성상聖像을 파괴할 것을 명령했습니다. 성상 숭배를 전면적으로 금하는 칙

▲ 레오 3세를 기념한 동전

령이 내려진 것입니다. 하지만 로마 교황 그레고리오 2세는 게르만족을 포교하기 위해서는 눈으로 볼 수 있는 신앙의 상징이 필요하다며 명령에 불복했습니다. 사실 교황은 평상시 비잔티움 제국 황제가 정치적 우위를 주장하며 사사건건 간섭하는 것에 불만이 있었습니다. 이때부터 동서 로마의 교회가 대립하기 시작했습니다.

▲ 그레고리오 2세

732년 발해, 당의 산둥 반도 공격

발해의 무왕은 장문휴 장군을 시켜서 당의 산둥 반도를 공격했습니다. 장문휴는 바닷길을 이용해 산둥반도에 있는 당의 국제 무역항인 등주登州를 공격했고, 그곳 자사였던 위준은 전쟁 과정에서 죽음을 맞이했습니다. 등주 공격은 발해가 세계 최대 강국 중 하나였던 당을 당당히 공격할 정도로 국력이 강했다는 사실을 증명하는 대사건이었습니다.

750년   아바스 왕조의 시작

아바스 왕조는 우마이야 왕조를 무너뜨리고 바그다드를 수도로 세운 이슬람 제국의 왕조입니다. '아바스'라는 명칭은 이슬람교를 창시한 무함마드의 숙부 이름인 알 아바스에서 유래했습니다. 특히 아바스 왕조는 종교에 대한 관용 정책을 펼쳐 제국을 오랫동안 안정적으로 유지했으며, 수도 바그다드는 동서 문물이 교류되는 국제도시로 번영했습니다.

▶ 아바스 왕조 시대의 바그다드가 지식, 문화, 무역의 중심지로 번창한 것을 보여 주는 그림이다.

751년   탈라스 전투, 제지술 전래

중국에서는 이미 2세기경 후한 시대에 제지술製紙術을 발명하여 사용하고 있었습니다. 그러나 유럽에서는 여전히 비싸고 두꺼운 양피지를 사용했습니다. 탈라스 전투는 이슬람 제국의 아바스 왕조와 당나라의 **절도사**★ **고선지 장군**★의 군대가 격돌한 전투였습니다. 이 과정에서 종이 만드는 비법을 알고 있던 중국인 포로에 의해 제지술이 처음 이슬람을 통해 유럽으로 전해졌습니다.

★**절도사** 중국 당나라 때, 변방에서 군대를 거느리고 그 지방을 다스리던 으뜸 벼슬

★**고선지 장군** 고구려 태생의 중국 당나라 장군. 고구려가 망한 뒤 당에 가서 약 20세에 장군이 되었다. 뒤에 안·사의 난 때 토벌군 부원수로서 출전했으나 모함을 받아 참수를 당했다.

751년   카롤링거 왕조의 성립

프랑크 왕국을 세운 클로비스 왕의 후예인 메로빙거 왕조의 왕들은 무능하고 부패해 있었습니다. 그러나 이 시기 메로빙거 왕조의 **궁재**宮宰★인 피핀 1세를 비롯한 그의 아들 피핀 2세, 손자인 **카롤루스 마르텔**★은 뛰어난 정치력과 지도력을 소유하고 있었습니다. 특히 카롤루스 마르텔이 이슬람 세력을 투르 푸아티에 전투에서 물리친 후 카롤링거 집안의 명성은 더욱 높아졌습니다. 그리고 그의 아들인 피핀 3세가 교황으로부터 기름 부음을 받아 카롤링거 왕조가 시작되었습니다.

▼ 피핀 3세와 그의 대관식

★**궁재** '집안의 관리자'라는 뜻으로, 중세 초기 관직의 이름. 7세기에서 8세기 프랑크 왕국의 재상宰相에 해당한다. 점차 궁재의 권한이 강화되어 군주의 권력은 유명무실해졌으며, 실질적인 결정권은 궁재에게 있는 경우가 많았다.

★**카롤루스 마르텔** 피핀 2세의 서자. 샤를 마르텔, 카를 마르텔이라고도 한다. 그의 아들 피핀 3세는 메로빙거 왕조를 몰아내고 카롤링거 왕조를 수립해 기반을 구축했다.

당, 안 · 사의 난

안·사의 난이란, 당나라의 절도사 안녹산과 그의 부하였던 사사명이 일으킨 반란입니다. 안녹산과 사사명의 첫 글자를 따서 지은 이름으로, 그냥 안녹산의 난이라고도 합니다. 당현종과 양귀비^{楊貴妃}의 극진한 신임을 받았던 안녹산이 반란을 일으켜 한 달 만에 뤄양을 함락시키고, 스스로를 대연^{大燕} 황제로 선포했던 사건입니다. 당시 황제는 당나라 9대 황제인 현종이었습니다. 그가 통치하던 시기는 '개원^{開元}의 치'로 불릴 정도로 태평성대를 누렸고, 당대 쌍벽을 이루었던 시선^{詩仙} 이백과 시성^{詩聖} 두보가 활동했던 시기였습니다. 그러나 양귀비를 총애하면서 정치가 점차 부패하고 결국 반란까지 일어나 양귀비와 함께 쓰촨성으로 피난을 가는 신세가 되었습니다. 이곳에서 지친 호위 군사들은 점차 양귀비의 죽음을 요구하기 시작했고, 양귀비는 결국 스스로 목을 맸습니다. 안·사의 난은 안녹산이 이적아 등에 의해 살해된 뒤에도 사사명에 의해 계속되다가 약 8년 만에야 겨우 진압되었습니다.

▶ 안 · 사의 난으로
피난을 가는 현종

선덕왕 즉위, 신라 하대의 시작

신라는 크게 삼대로 나눌 수 있습니다. 상대는 신라 시조인 박혁거세에서 성골의 마지막 왕인 진덕여왕 때까지이고, 중대는 진골 출신 최초의 임금인 태종무열왕 김춘추에서 혜공왕 때까지입니다. 그리고 하대는 선덕왕 때부터 시작됩니다. 선덕왕 김양상은 대공^{大恭}의 난 이후 3년간 진행된 **96각간의 난*** 끝에 혜공왕이 김지정에 의해 살해되자, 그 김지정마저 죽이고 왕위에 올랐습니다. 그는 내물왕 10세손^{世孫}임을 주장했는데, 이때부터 신라 마지막 왕인 경순왕 때까지를 신라의 하대로 봅니다.

★96각간의 난 768년(혜공왕 4년) 7월에 일어난 신라 귀족들의 반란. 각간은 본래 신라의 최고 관등을 지칭하는 용어이며, 당시 이 난을 일으킨 귀족과 진압한 귀족 전체를 포함한다.

신라 원성왕, 독서삼품과 실시

독서삼품과^{讀書三品科}는 '독서출신과'라고도 합니다. 국학에서 공부한 학생들이 실력에 따라 상품, 중품, 하품으로 등급을 나누어 시험을 치르고 관직에 오를 수 있도록 한 제도입니다. 골품제도에 의해 정치적 진출이 어려웠던 6두품의 환영을 받는 듯했으나, 결국 진골의 반대에 부딪혀 실질적인 성과를 거두지 못했습니다.

일본, 헤이안으로 천도

▲ 간무 왕

나라 시대 말기에 일본은 왕위 계승을 둘러싸고 왕실과 귀족 간의 분열이 심해졌습니다. 간무桓武 왕은 정치 개혁의 필요성을 느끼고 수도를 나라에서 헤이안쿄平安京로 천도했습니다. 이후 400여 년간 헤이안에 도읍했던 시대를 '헤이안 시대'라고 합니다. 헤이안은 오늘날 교토의 옛 이름으로, 교토는 헤이안 시대부터 1868년 수도가 도쿄로 이전될 때까지 약 1,000년 동안 일본의 수도로 자리 잡았습니다.

교황 레오 3세, 카롤루스 대왕에게 '서로마 황제의 관' 수여

비잔티움 제국의 간섭에서 벗어나기를 원했던 로마 교황 레오 3세는 800년 크리스마스 날, 성 베드로 대성당에서 프랑크 왕국의 카롤루스 대제에게 '서로마 황제의 관'을 수여했습니다. 이는 로마 교회가 새로운 후원자를 얻게 되었음을 의미했을 뿐만 아니라, 게르만족이 로마의 전통을 계승했음을 보여 주는 사건이었습니다. 이로써 게르만족은 크리스트교와 손을 잡고 서양 중세의 새로운 주인공으로 부상했습니다.

▲ 카롤루스 대제의 황제 대관식

사일렌드라 왕조, 보로부두르 불탑 건립

인도네시아 자바섬에는 2세기 무렵부터 스리위자야 왕국이 번성하고 있었습니다. 그러나 8세기에 들어 수마트라섬을 중심으로 세력을 확대한 사일렌드라 왕조가 등장하여 스리위자야 왕국을 위협하기 시작했습니다.

사일렌드라 왕조는 8세기경 자바섬 중앙부에 보로부두르 불탑을 건립했습니다. 이 불탑은 대승불교의 영향을 받아 건립된 위대한 문화유산입니다. 사방 120m의 기반 위에 높이 42m로 세워진 이 불탑은 그 웅장한 조형미로 보는 이의 감탄을 자아냅니다. 1991년에는 유네스코 세계유산에 등재되었습니다.

▶ 보로부두르 불탑 전경과 확대 모습

전해 내려오는 이야기 속에 진짜 역사가 있다면?

8세기는 이슬람 제국 아바스 왕조의 전성기였습니다. 이 시기에 만들어져 오늘날까지 꾸준히 읽히는 작품이 있는데, 바로 '천일야화'를 번역한 『아라비안나이트』입니다. 아랍어로 쓰인 이 민화집은 아라비아를 중심으로 페르시아, 인도, 이란, 이집트 등지의 이야기를 담고 있어 당시의 시대상을 생생하게 보여 줍니다.

이 무렵 우리나라에서도 유명한 이야기가 전해 내려왔습니다. 바로 선덕대왕신종 이야기로, 어린아이를 시주받아 만들었기 때문에 종소리가 울릴 때마다 '에밀레'라는 소리가 들린다는 설화입니다. 역사가 이야기를 만들고, 또 그 이야기 속에서 새로운 역사가 발굴됩니다. "아니 땐 굴뚝에 연기 날까"라는 말처럼, 믿기 어려운 설화일지라도 그 내용을 분석하면 당시의 시대상을 추적할 단서를 발견할 수 있습니다. 이어서 이야기 속에 담긴 당대의 역사를 살펴보겠습니다.

'천일야화'의 실제 모델, 하룬 알 라시드 왕

『아라비안나이트』로 잘 알려진 '천일야화'는 알려진 바대로 민가에서 전해지는 이야기를 모아 엮은 것입니다.

여기서 가장 많이 등장하는 장소는 현재 이라크의 수도인 바그다드이고, 단골로 등장하는 인물은 이슬람 제국 아바스 왕조의 5대 칼리프인 하룬 알 라시드 왕입니다. 하룬 왕의 시대는 아바스 왕조에서도 전성기였으며, 바그다드는 국제적 도시로 우뚝 섰습니다.

▲ 하룬 알 라시드 왕

'천일야화'에도 아름답게 묘사되어 나오는 하룬 왕의 궁궐은 빼어나고도 화려한 건축술로 조성되었고, 각 지역에서 바쳐진 진귀한 보물들이 넘쳐 났습니다. 하룬 스스로도 시와 음악에 깊은 관심을 가져 학자나 시인을 궁중으로 불러 모으는 등 문화적 후원을 아끼지 않았습니다.

대외적으로 이슬람 제국은 비잔티움 제국과의 전투에서 연속 승리를 거두면서 정기적으로 공물을 바치도록 했습니다. 나아가 프랑크 제국의 카롤루스 대제와도 외교적으로 교류했습니다.

그러나 오랜 지배 계급이었던 바르마크 가를 제거하는 가운데 지배 계급 간 내분이 이어졌고, 그 와중에 이란 지역에서는 반란이 일어났습니다. 하룬 왕은 반란 진압을 위해 출정하던 도중 병에 걸려 생을 마쳤습니다.

▲ 카롤루스 대제가 보낸 사절을 만나는 하룬 알 라시드

성덕대왕신종이 에밀레종으로 불리는 까닭은?

봉덕사에 소재한 국보 성덕대왕신종은 35대 경덕왕이 그의 부왕인 33대 성덕대왕을 위해 만들었는데, 우리나라 종들 중 단연 최대 크기를 자랑합니다.

36대 혜공왕 때 완성된 이 종은 '에밀레종'으로 더 알려져 있습니다. 그 사연을 들어 보면 조금 슬픕니다. 어느 가난한 어머니가 절에 시주한 어린아이를 펄펄 끓는 쇳물 속에 넣어 그 종을 완성했는데, 그 후 종을 칠 때마다 "에밀레… 에밀레…" 하고 어미를 원망하는 듯한 소리가 들려서 사람들이 '에밀레 종'이라고 불렀다는 겁니다.

실은 이에 대해 두 학설이 팽팽히 맞서고 있습니다. 인체에서 나오는 인이라는 성분이 종소리를 더욱 향상시켰다는 설과 12만 근(약 18톤)의 구리 속에 아이를 녹여도 그 양이 매우 미미하므로 전혀 종소리에 영향을 끼치지 않는다는 설입니다. 시주로 바쳐진 아이가 소리에 영향을 주었든 주지 않았든, 에밀레종의 설화는 통일신라 민중의 삶이 얼마나 힘겹고 고생스러웠는지를 가늠하게 해 줍니다. 이러한 역사적 사실을 이해하고 나서 에밀레종의 청량하게 울려 퍼지는 소리를 들으면 당시 어려웠던 생활상이 좀 더 장중하게 다가옵니다.

▲ 국립경주박물관에 있는 성덕대왕신종

절세미녀 양귀비,
안·사의 난으로 세상을 떠나다

고사성어에 해어화^{解語花}, 수화^{羞花}, 가인박명^{佳人薄命}이라는 말이 있습니다. 해어화는 '말을 알아듣는 꽃'이라는 뜻이고, 수화는 '꽃과 미모를 겨루었는데 꽃마저 부끄러워 고개를 숙인다'는 뜻입니다. 마지막으로 가인박명이란 '아름다운 여인은 불행하기 쉽고 수명이 짧다'는 뜻이지요. 어디서 유래했을까요?

사실 이 말들은 모두 당나라 현종이 '절세가인'이라고 격찬했던 양옥환, 즉 양귀비를 가리키는 표현입니다. 사서에도 양귀비는 절세의 미모를 지닌 풍만한 미인인 데다, 가무에도 뛰어나고 지혜로우며 총명하여 현종의 마음을 사로잡는 데 부족함이 없었다고 기록되어 있습니다.

양귀비는 원래 현종의 열여덟 번째 아들인 수왕의 후궁이었습니다. 하지만 운명은 역시 알 수 없는 걸까요? 현종이 사랑하던 무혜비가 세상을 떠나자 후궁을 물색하던 중에 절세미인으로 소문난 그녀를 여산의 온천궁으로 불러들인 겁니다. 한마디로 며느리를 후궁으로 맞이한 것이지요. 이후 양옥환은 현종의 후궁이 되어 27세 나이에 귀비에 올랐습니다. '개원의 치'를 이뤘던 현종이지만 양귀비의 미모에 사로잡히고 나서는 정사를 제대로 돌보지 않았고, 양귀비의 육촌 오빠인 간신 양국충으로 인해 나라가 점점 어지러워졌습니다.

★여지 중국 남부 원산의 열대 과일. '리치'라고도 한다. 양귀비가 이 과일을 좋아해 화남에서 장안까지 빠른 말로 가져오게 했다고 전해진다.

아첨하기 좋아하는 이들은 양귀비가 평소 즐겨 먹는다는 남쪽 지역의 과일 **여지**★를 진상하기 위해 과로사하는 웃지 못할 일도 있었습니다.

그러나 역시 가인박명이라 했나요. 양귀비는 양국충과 권력 다툼을 벌이다가 결국 그녀의 양자이기도 했던 안녹산에 의해 죽음에 이르게 되었습니다. 당시 현종은 이 난을 피해 황급히 수도 장안을 떠나 쓰촨성으로 도망갔는데, 마외역에 이르렀을 때 호위 군사들의 불만이 폭발했습니다. 군사들은

간신 양국충의 처형을 요구했고, 처형한 뒤에는 '왕을 꾀는 요녀'라며 양귀비도 처형할 것을 요구했습니다. 현종이 어찌할 바를 몰라 하자 양귀비는 스스로 목을 매달아 자결했습니다.

당대 시인 백거이는 현종과 양귀비의 비극적 종말과 한^恨을 「장한가^{長恨歌}」로 노래해 지금까지도 사람들의 심금을 울리고 있습니다.

당에서 이름을 남긴 고구려의 후예, 고선지 장군

파미르 고원을 넘어 72개국의 항복을 받아내며 빛나는 서역^{西域} 정벌을 이뤘던 안시성 절도사 출신의 고선지 장군은 사실 우리 고구려의 후예입니다. 고구려인으로서 당나라 전쟁사의 한 장을 장식했던 인물이지요.

고구려가 멸망한 후 먼저 당의 장군으로서 자리 잡았던 아버지 **고사계***덕분에 고선지의 장래는 수월하게 열렸습니다. 「**신당서**^{新唐書}」*에는 고선지의 용모가 수려하고 준수하여 무력을 쓰는 장수답지 않았다고 기록되어 있습니다. 또한 일 처리가 매우 빨랐고 지혜로웠다고 합니다.

747년, 토번(티베트족)과 이슬람 제국이 동맹을 맺자 고선지 장군은 행영 절도사로 임명되어 제1차 서역 정벌에 나섰습니다. 그는 군사 1만 명을 이끌고 파미르 고원을 넘어 토번의 군사 기지인 연운보를 초토화시켰습니다. 이어서 힌두쿠시 산맥을 넘어 파키스탄 북부의 소발률국을 정벌했고, 이슬람 제국과 통교하는 유일한 교통로인 다리를 파괴하여 더 이상 토번이 이슬람 제국과 교류할 수 없도록 했습니다. 그렇게 서역 72개 나라의 항복을 받아 서아시아 일대까지 영향력을 넓히는 전공을 세워 749년 좌금오위대장군이 되었습니다.

750년에는 제2차 원정에 나서 이슬람 제국과 동맹을 맺으려는 **타슈켄트***의 국왕을 포로로 잡아 장안으로 보냈고, 그 공으로 개부의동삼사라는 직위에 올랐습니다.

제3차 원정은 바로 다음 해 751년에 있었습니다. 이때 3만의 병사를 이끌고 이슬람 제국과 쟁패를 벌이는데, 이것이 그 유명한 탈라스 전투입니다. 그러나 병력의 부족으로 고선지 장군은 그만 이 싸움에서 패배하고 말았습니다.

이후 서역 정벌 책임자에서 좌천되어 하서 절도사를 거쳐, 안·사의 난을 토벌하는 토적 부원수로 임명되었습니다. 그러나 영웅에게는 항상 주변의 시기가 따른다고 했던가요? 고선지 장군은 그를 시기한 부관의 거짓 무고로 진중에서 참형을 당하고 말았습니다. 서역 정벌에 빛나는 영웅 고선지에게는 참으로 억울한 죽음이었습니다.

★고사계 당나라의 무장으로 활약한 고구려 유민. 일찍이 당나라 하서군河西軍에 소속되어 사진교장四鎭校將으로 기용되었다. 아들 고선지가 20세가 되었을 때 그를 데리고 안시로 가서 큰 공을 세웠으며, 그 공적은 아들 고선지에게까지 이어져, 선지는 유격장군遊擊將軍으로 임명되었다. 이를 계기로 선지의 출셋길이 열렸다.

★『신당서』 송나라 때에 편찬된 225권의 당나라의 정사正史. 『구당서』에서 빠진 것과 잘못된 것을 바로잡아 펴낸 책이다.

★타슈켄트 우즈베키스탄의 수도. 현재 유럽과 아시아 고역의 중심지다.

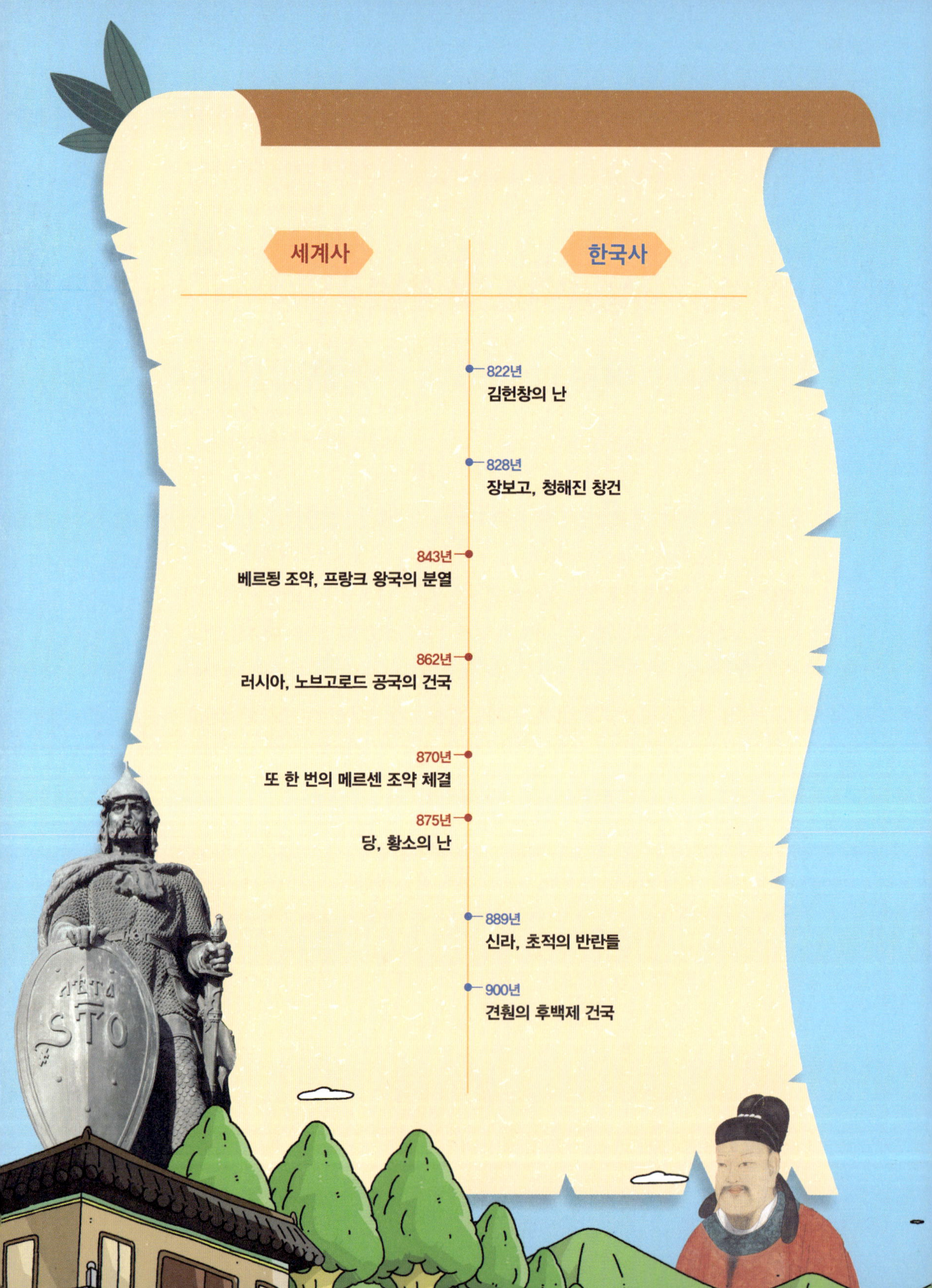

세계사
한국사

822년
김헌창의 난

828년
장보고, 청해진 창건

843년
베르됭 조약, 프랑크 왕국의 분열

862년
러시아, 노브고로드 공국의 건국

870년
또 한 번의 메르센 조약 체결

875년
당, 황소의 난

889년
신라, 초적의 반란들

900년
견훤의 후백제 건국

세계적으로 분열과 쇠퇴의 길을 걸어가다

9세기는 동서양을 막론하고 분열과 쇠퇴의 시대였습니다. 우리나라뿐 아니라 중국과 서유럽에 이르기까지, 한때 강성했던 제국들이 차례로 흔들리기 시작했습니다.

중국 당나라에서는 중앙에서 환관과 외척이 권력 다툼을 벌였고, 지방에서는 '황소의 난'이 일어나 멸망의 길을 재촉했습니다. 프랑크 왕국도 카롤루스 대제가 죽은 뒤 내분에 휩싸여, 제국이 계속 분할되었습니다. 9세기 말부터는 북쪽에서 '바이킹'이라 불린 노르만족이 유럽 전역을 약탈하며 여러 곳에 나라를 세우기 시작했습니다.

한편, 우리나라의 통일신라 역시 왕위 계승을 둘러싼 진골 귀족들의 다툼이 이어졌습니다. 지방에서는 호족들이 농민을 지배하며 불교 선종과 결탁해 중앙정부에 반기를 들었고, 진성여왕의 사치와 과도한 세금 징수로 시달리던 농민들도 전국적으로 봉기했습니다. 중앙정부의 통제력은 점차 무너졌고, 이러한 혼란 속에서 견훤이 백제 부흥을 내세워 후백제를 세우면서, 통일신라 시대가 막을 내리고 후삼국 시대가 막을 올렸습니다.

한국사 vs 세계사 한 번에 이해하기

822년 김헌창의 난

무열계* 자손인 웅천주 도독 김헌창은 아버지 김주원이 원성왕과의 왕위 계승 경쟁에서 억울하게 왕위를 빼앗기자 반란을 일으켰습니다. 그는 무진주(지금의 전남 광주)를 점령하여 도읍으로 삼고 나라 이름을 장안, 연호를 경운이라고 지었습니다. 그러나 조정군에 의해 진압되자 스스로 목숨을 끊었습니다. 이때 살아남은 그의 아들 김범문도 후에 반란을 시도했지만 진압되었습니다. 이후 무열왕 후손들은 왕위권 다툼에서 완전히 멀어졌습니다. 김헌창의 난은 신라 하대 진골 귀족 간의 대표적인 왕위 계승전으로, 무열계와 내물계 간의 권력 투쟁이었습니다.

★**무열계** 신라 왕족 김헌창은 태종 무열왕의 차남 김인문의 4대 손인 김주원의 둘째 아들이다. 무열왕-김인문(또는 김문왕)-김대충-김사인-김유정-김주원으로 이어지는 계보다. 김헌창의 난은 한 달 만에 진압되었다.

828년 장보고, 청해진 창건

섬사람이던 장보고는 당에 건너가 무령군 소장으로 활약하고 있었습니다. 어느 날 중국 해적들에게 잡혀 노예로 팔려가는 신라인의 비참한 모습을 보고 귀국하여 왕에게 군사를 지원해 줄 것을 청했습니다. 흥덕왕은 이를 흔쾌히 승낙했고, 그는 1만의 군사를 받아 청해진(지금의 전남 완도)에 해상기지를 세웠습니다. 청해진은 해상 무역을 장악한 국제 무역 기지가 되었고, 당에 갈 때는 신라인은 물론 일본인까지 청해진에 들러 보호를 요청할 정도였습니다.

▲ 지금의 청해진(완도)

843년 베르됭 조약, 프랑크 왕국의 분열

프랑크 왕국의 카롤루스 대제를 계승한 경건왕 루트비히 1세는 그의 사후 왕국을 세 아들에게 나눠 주었습니다. 그러나 세 아들은 서로 영토 분쟁을 하며 치열한 전쟁을 계속했고, 결국 **베르됭 조약***을 맺어 왕국은 로타르 1세의 중프랑크 왕국, 독일왕 루트비히 2세의 동프랑크 왕국, 대머리왕 카롤루스 2세의 서프랑크 왕국으로 나뉘었습니다.

★**베르됭 조약** 카롤루스 대제의 아들인 루트비히 1세의 세 아들이 카롤링거 제국을 세 왕국으로 분할한 조약이다. 이 조약으로 카롤루스 대제가 세운 제국은 해체되기 시작했다.

862년 러시아, 노브고로드 공국의 건국

『러시아 연대기』에 따르면, 노르만족 출신의 류리크가 두 아우와 함께 정치 분규에 시달리던 노브고로드와 그 주변 지역을 정복하여 노브고로드 공국을 세웠다고 합니다. 류리크의 후계자인 올레크는 그로부터 20여 년 후인 882년경 키예프를 정복하여 노브고로드에서 드네프르 강을 따라 흑해로 이어지는 지역에 키예프 공국을 세웠습니다.

▲ 노브고로드 지역을 정복한 류리크 군대

또 한 번의 메르센 조약 체결

프랑크 왕국은 중프랑크 왕국의 로타리 2세가 죽으면서 또 한 번의 영토 분쟁에 휘말렸습니다. 전쟁을 하려던 동프랑크 왕국과 서프랑크 왕국은 중프랑크 일부 지역을 나눠 갖는 **메르센 조약**★을 맺어 또 영토를 분할했습니다. 그 결과 오늘날 프랑스, 독일, 이탈리아 국경의 지리적 기초가 성립되었습니다.

★**메르센 조약** 중프랑크 왕국을 다스리던 로타르 1세의 둘째 아들 로타르 2세가 죽자, 루트비히 1세의 아들들이 그 영토를 다시 나눠 갖기 위해 이 조약을 체결했다. 이 지역은 동서로 분할되어 각각 동프랑크와 서프랑크에 편입되었다.

875년

중국, 황소의 난

당나라 말기의 황소黃巢는 국가의 전매품이었던 소금을 밀매하여 부를 쌓았습니다. 당시 가뭄에도 불구하고 탐관오리들이 혹독한 세금 징수를 하자 이에 항거하여 황소와 절친하던 소금 밀매상 왕선지가 먼저 농민 반란을 일으켰고, 황소 역시 그를 따랐습니다. 황소는 수도 장안을 장악한 후 스스로 황제가 되어 나라 이름을 대제大齊라 했으나, 돌궐계 사타족 출신의 무장 이극용의 활약으로 죽임을 당했습니다.

▲ 당나라 수도 장안

889년 **신라, 초적의 반란들**

초적草賊은 글자 뜻 그대로 투쟁하는 민초를 낮춰 부르는 말입니다. 당시 진성여왕은 가뭄이 계속되는데도 세금 징수를 멈추지 않았고, 이를 참다 못한 농민들이 도적떼가 되어 반란을 일으켰는데요. 이때 난을 일으킨 농민 중 다른 이들과 다르게 붉은 바지를 입고 다니는 무리를 '적고적赤袴賊'이라 부르기도 했습니다.

900년 **견훤의 후백제 건국**

신라 말기의 혼란한 사회 속에서 농민 아자개의 아들 **견훤**★이 백제의 부활을 내걸며 후백제를 세웠습니다. 그는 완산주

★**견훤** 신라 말기의 장군이자 후백제의 시조. 본래 성은 이씨이나 후에 성을 견씨로 고쳤다고 한다.

(지금의 전북 전주)를 중심으로 봉기하여, 황해안의 해상 세력과 도적떼 등을 기반으로 세력을 넓혀 나갔습니다.

나라를 크게 흔든 반란, 배신으로 역사에서 사라진다면?

세계사를 들여다보면, 온갖 위기와 난관을 뚫고 세력을 크게 키운 반란군이 뜻밖의 순간에 무너지는 장면이 자주 보입니다. 흥미로운 점은, 그 몰락의 과정이 놀라울 만큼 비슷하다는 것입니다.

바로 믿었던 부하가 반란의 지도자를 배신하는 장면인데요. 왜 이런 일이 반복될까요? 나라를 뒤엎겠다는 야망을 가지고 큰일을 계획한 그들이지만, 사실 넘어야 할 산이 한두 가지가 아니었습니다. 처음에는 태산도 넘을 것처럼 기세가 등등하지만, 조정에서 진압군을 보내고 그들의 목을 서서히 죄기 시작하면 의기투합해 한 배를 탔던 사람들이라 해도 초조함을 느꼈을 겁니다. 그러다 보니 자기가 먼저 지도자를 베어 그 목을 바쳐 출세의 발판을 삼거나, 자기만 살겠다고 도망치는 자들이 생겨났습니다.

9세기 중국과 우리나라에서 큰 세력을 얻었던 황소의 난과 장보고의 난도 끝내 같은 운명으로 치닫고 말았습니다.

이제 반란을 꿈꾸는 지도자의 모습을 지켜보는 자가 그 아래서 또 어떤 꿈을 꾸고 있는지 살펴볼 차례입니다.

믿는 도끼에 발등 찍힌 황소의 비참한 최후

황소의 난이 일어나자, 당의 희종은 일단 성도로 도피했다가 절도사 세력을 규합하고 무장 이극용의 도움을 받아 반격에 나섰습니다. 단체로 모두 검은 옷을 입고 사정없이 맹공을 가했기 때문에 반란군은 "갈까마귀의 군사가 왔다!"며 심히 두려워했다고 합니다.

당시 이극용의 나이는 28세였습니다. 한쪽 눈이 감기다시피 찌그러져 있었기 때문에 사람들은 그를 애꾸눈 용이라는 의미에서 '독안룡獨眼龍'이라고 불렀습니다. 여기서 유래한 고사성어 독안룡은, 한쪽 눈을 잃었어도 사납고 용감한 장수를 일컫는 말이 되었습니다.

그러나 황소의 최후는 뜻밖의 곳에서 찾아왔습니다. 황소가 아끼던 부하 주온이 철저하게 황소를 배신해 버린 것입니다. 믿는 도끼에 발등 찍힌 격이었지요. 주온은 원래 장안에서 뤄양으로 통하는 길을 책임지고 있었는데, 황소군의 형세가 불리하다고 판단되자 당나라 군에 투항해 버렸습니다. 이로써 황소군은 치명적인 위기에 빠졌습니다. 조정에서는 주온의 공적을 인정해 절도사직을 내리는 한편, 전충全忠이라는 이름까지 하사했습니다. 그가 바로 훗날 후량의 1대 황제가 된 주전충입니다.

황소는 결국 장안을 버리고 떠나 겨우 1,000여 명의 군사와 함께 버티려 했으나, 태산의 호랑곡 전투에서 패하여 자살했습니다. 10년에 걸친 황소의 난은 지리멸렬한 끝에 종결되었고, 이는 당나라 멸망을 재촉한 결정적 원인이 되었습니다.

믿었던 부하에게 죽임을 당한 해상왕 장보고

장보고는 청해진을 해상 무역의 중심지로 만들며 국제 무역의 패권을 장악했습니다. 중국, 신라, 일본의 물자가 청해진을 통해 중계, 교류되었고, 청해진은 단순한 무역 거점이 아니라 해적의 위협으로부터 안전하게 물자를 수송하는 항구이자, 당나라로 유학 가는 학생과 승려를 호송하는 역할까지 맡았습니다.

그러나 장보고는 왕위 계승 다툼에 휘말려 말년이 평화롭지 못했습니다. 왕위 계승 다툼에서 밀려난 우징을 신무왕에 오르도록 도와주었지만, 진골 귀족들에게 섬사람이라고 업신여김을 당해 딸을 왕비로 올리려던 일이 좌절되었습니다. 장보고는 분노하여 반란을 꾀했고, 다급함을 느낀 진골 귀족들은 그를 제거하기 위한 방법을 생각해 내느라 여념이 없었습니다.

이때 스스로 나서 장보고를 제거하겠다고 큰소리친 인물이 나타났습니다. 무주 출생으로, 838년부터 장보고의 휘하에 들어가 맹활약한 끝에 신임을 얻어 장군 자리까지 오른 염장이란 인물입니다. 야심으로 똘똘 뭉쳐 있던 그는 장보고를 제거하고 그것을 도약대로 삼아 출세하겠다는 목표를 갖고 있었습니다.

진골 귀족들은 뛸 듯이 기뻐하며 그를 적극적으로 밀어 주었습니다.

아무것도 모르는 장보고는 염장이 찾아오자 그를 반갑게 맞이하며 술상을 차
렸습니다. 시간이 흘러 진골 귀족들에 대한 불만을 털어놓던 장보고가 술에 취
해 곯아떨어지자 염장은 기다렸다는 듯 칼을 꺼내 장보고를 손쉽게 해치워 버
렸습니다. 이때가 신라 문성왕 8년(846년)이었습니다.

일설에 의하면, 잘 풀리지 않는 일이 있을 때 다른 사람이 화를 돋우면 "염장
지른다"라는 말을 하는데, 장보고를 찌른 염장의 이름에서 유래했다고 전해집
니다.

서유럽 중세의 농노,
보도의 하루

★**농노** 한자 뜻대로 반은 농민, 반은 노예라는 뜻이다. 중세 봉건사회에서, 영주에게 예속된 농민이었다. 영주의 지배를 받았고, 토지에 얽매여 이전할 수 있는 자유가 없었다.

영국 케임브리지 대학 출신의 여성 경제사학자 아일린 파워Eileen Power는 수도원에 보관된 문서들을 연구하다가, 카롤루스 대제 시기 파리 근교의 생제르맹 수도원이 소유한 장원에서 **농노**農奴★의 생활이 기록된 자료를 발굴했습니다. 그녀는 이 내용을 세상에 알렸고, 저서『중세의 사람들』에 실린 '농노 보도의 하루'를 통해 서유럽 중세 농노의 일상을 생생하게 보여 주었습니다.

"어느 봄날, 그는 아침 일찍 일어났다. 오늘은 수도원 소유의 농장으로 쟁기질하러 가는 날이기 때문이다. 그는 잔소리가 심한 직영지 관리인이 두려워 늑장을 부릴 수가 없었기에 장남인 위드를 데리고 같이 집을 나섰다. … 보도의 아내인 에르망트뤼드도 바쁘기는 매한가지다. 오늘은 살찐 영계 한 마리와 달걀 다섯 개를 수도원에 바치는 날이다. … 그녀는 관리인을 만나 공손히 인사하고, 닭과 달걀을 건네 주고는 서둘러 집으로 돌아왔다. 저녁에는 집사가 할당한 모직포도 짜야 한다. 그다음 작은 포도원에 가서 한두 시간 정도 가지치기를 하고, 서둘러 집에 가서 아이들에게 먹을 것을 챙겨 주어야 한다."

▲ 밀을 수확하는 중세 시대 농노 그림

이 글을 통해 우리는 농노도 결혼할 수 있었고 일정한 재산을 소유할 수 있었다는 점을 알 수 있습니다. 그러나 동시에 영주에게 각종 의무를 지고, 신체적으로도 예속된 존재였다는 사실을 엿볼 수 있습니다.

당 황제의 칭송을 받았던 최치원이
좌절한 이유

최치원은 신라 말기 대표적인 문장가로, 12세에 당으로 유학 가서 18세 때 **빈공과***에 장원급제를 한 인물입니다.

★**빈공과** 중국 당나라 때에 외국인에게 보게 하던 과거 형식

★**어대** 예복을 입을 때 허리에 차던 물고기 모양의 장식

★**「토황소격문」** 황소를 토벌하자는 내용으로 지은 격문. 황소가 이 격문을 보다가 저도 모르게 침상에서 내려앉았다는 일화가 전해질 만큼 뛰어난 명문이었다 한다.

당나라 황제는 그를 높이 치하하여 그에게 비은색 **어대***와 자금색의 어대를 하사했는데요. 17년간 당나라에 머물면서 그가 황제의 명을 받아 쓴 **「토황소격문」***은 명문 중의 명문으로, 이 글을 읽은 황소가 크게 두려워 주저앉았다고까지 합니다.

신라에 귀국하고 나서는 한림학사 겸 병부시랑으로 일했습니다. 그러나 당시 진성여왕은 사치와 방탕한 생활에 빠져 있었고, 진골 귀족들은 저마다 권력 다툼으로 정신이 없었습니다. 최치원은 이를 개탄하며 진성여왕에게 골품제의 문제점 등을 날카롭게 지적한 '시무 10조'를 올렸습니다. 이를 읽은 진성여왕은 그를 격려했지만, 진골 귀족들의 반대에 부딪혀 그의 개혁안은 시행되지 못했습니다. 이후 좌절감을 크게 느낀 그는 정치에 환멸을 품고 태수 직을 마지막으로 관직에서 물러나, 전국을 떠돌다 생을 마쳤습니다.

혈통에 따라 신분을 엄격히 구분했던 골품제도는 결국 통일신라의 발전을 가로막는 요인이 되었습니다.

▲ 최치원

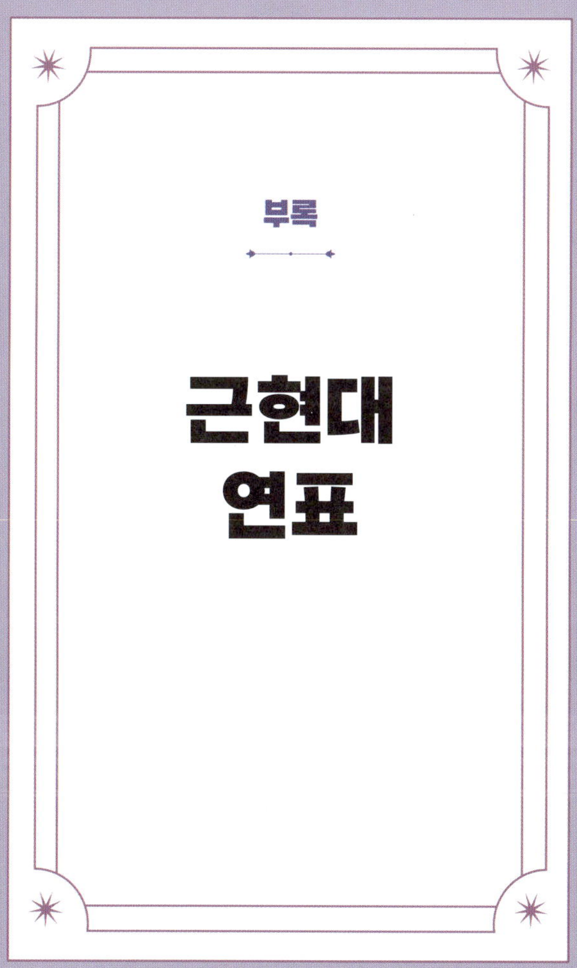

부록

근현대
연표

비극의 상처를 남긴 두 번의 전쟁

21세기를 전후하여 열강들은 아시아, 아프리카, 오세아니아는 물론 태평양의 섬들까지 서로 차지하려는 제국주의 경쟁에 적극 나섰습니다. 아프리카에서는 영국의 종단 정책과 프랑스의 횡단 정책이 격돌하였고, 독일과 영국은 3B 정책과 3C 정책으로 서로 맞불을 놓았습니다. 여기에 범게르만주의와 범슬라브주의가 복잡하게 얽히면서 '유럽의 화약고'로 불리는 발칸반도에서 사라예보 사건을 계기로 제1차 세계 대전이 일어났습니다. 제1차 세계 대전이 장기전이 됨에 따라 인류는 끔찍한 전쟁의 참상에 시달렸습니다. 전쟁 후 국제연맹이 창설되었으나 인류는 또다시 제2차 세계 대전이라는 전쟁의 소용돌이에 휘말리게 되었습니다. 두 대전 동안 화학무기, 탱크, 핵무기와 같은 신무기가 개발되어 대량 학살이 일어났고, 독일은 수백만 명에 이르는 유대인을 학살하는 홀로코스트를 저질렀습니다. 제2차 세계 대전이 끝난 후 세계는 전쟁 방지와 평화공존을 목적으로 국제연합을 창설하였습니다.

1904 **러일 전쟁** 한국을 보호국으로 만들려는 러시아의 남하정책과 일본의 대륙 진출 정책이 충돌한 전쟁

1905 **피의 일요일** 로마노프 왕조가 노동자들의 평화 시위를 무력 진압한 사건. 러시아 혁명의 도화선
을사조약 체결 을사5적이 가결시킨 외교권 강탈 및 통감부 설치를 내용으로 하는 조약

1906 **스와라지 · 스와데시 운동** 영국의 분할 정책에 맞선 인도인들의 반영민족운동

1907 **삼국협상** 제1차 세계 대전 주축국인 영국 · 프랑스 · 러시아가 독일을 견제하기 위해 한 협상
국채 보상 운동 일본에 진 빚을 갚기 위해 시작된 경제적 자립운동
헤이그 밀사 파견 만국평화회의에 을사조약의 부당성을 알리고자 파견한 사건, 이 일로 고종 강제 퇴위

1910 **국권피탈** 한일 합병 조약 공포로 식민통치 시작

1911 **신해혁명** 청 왕조를 무너뜨리고 중화민국 수립

1914 **사라예보 사건** 제1차 세계 대전의 기폭제가 된 오스트리아–헝가리제국 황태자 암살 사건
제1차 세계 대전(~1918) 범게르만주의와 범슬라브주의의 대립으로 촉발된 전쟁
대한광복군정부 수립 블라디보스토크에서 이상설을 대통령으로 하는 정부 수립

1915 **신문화 운동** 5 · 4 운동의 정신적 바탕이 된 신사상 계몽 운동

1917 **11월 혁명** 러시아에 최초의 사회주의 국가인 소비에트 정권 수립

1918 **평화원칙 14개조 발표** 민족자결주의와 국제연맹 창설 등을 포함한 원칙으로 제1차 세계 대전 강화회의에서 제창
무오 독립 선언서 발표 2·8 독립 선언과 기미 독립 선언서에 많은 영향을 준 독립 선언

1919 **베르사유 조약** 제1차 세계 대전 패전국인 독일에 전후 배상금을 부과한 조약으로 독일 경제 파탄과 히틀러 등장의 계기가 됨
비폭력 무저항 운동 인도 독립을 위한 간디의 영국 상품 불매 운동
5·4 운동 학생들이 중심이 된 중국의 반제국, 반봉건 혁명 운동
2·8 독립 선언 민족 자결주의에 영향을 받아 도쿄 일본 유학생들이 발표
3·1 운동 우리나라 역사상 최대의 평화적인 만세 운동
대한민국 임시정부 수립 3·1 운동 이후 지속적 독립운동 위해 탄생한 3권 분립에 입각한 민주 공화정제의 임시정부

1920 **국제연맹 창립** 역사상 최초로 성립된 국제기구

1921 **워싱턴 회의** 태평양 군비 경쟁에 제한을 두는 조약 체결

1922 **소련 성립** 러시아 혁명 정권이 국내외 적대세력을 누르고 결성
튀르키예 혁명 정교 분리, 교육·문자 개혁을 통한 근대화를 추구한 혁명

1923 **조선물산장려회 창립** 실력 양성 운동으로 국산품 장려와 소비 절약 등을 전개

1924 **제1차 국공합작** 제국주의 열강에 맞서기 위한 국민당과 공산당의 연합 전선 구축

1925 **로카르노 조약** 제1차 세계 대전 후 영국·프랑스·독일·이탈리아·벨기에 5개국이 체결한 집단 안전보장 조약
조선공산당 창당 농민·노동자 투쟁을 지원했으나 일제 치안유지법 공포로 해산·재조직 반복

1926 **6·10 만세 운동** 순종 상여행렬 때 일어난 대규모 만세 시위

1927 **신간회 창립** 민족주의 세력과 사회주의 세력이 연합한 민족의 유일당 운동

1928 **켈로그·브리앙 조약 조인** 영국·미국·프랑스 등 15개국이 참여하여 전쟁의 불법화를 명문화한 조약

1929 **세계대공황 시작** 미국에서 10월 24일 '암흑의 목요일'로 시작된 경제공황이 세계경제에 파급되며, 독일에서 히틀러가 등장하는 등 전체주의가 등장하게 된 계기
광주 학생 항일 운동 민족 차별에 항거한 만세 시위로 3·1운동 이후 최대 규모의 독립 만세 시위

1930 **간디의 소금행진** 영국의 소금세에 반발한 저항 운동

1931 **만주 사변** 일본이 만주를 병참기지로 만든 사건으로 국제연맹이 철수 권고를 내렸으나 일본이 거부하고 1933년 국제연맹 탈퇴

1932 **윤봉길 의거** 대한민국 임시정부의 존재를 세계에 알리는 계기가 된 폭탄 투척 사건

1933 **뉴딜 정책 실시** 수정자본주의 정책으로 미국 경제공황을 탈출

1935 **민족혁명당 창설** 삼균(三均)주의, 민주공화국 수립 위한 통일전선으로 독립운동의 중심 역할 수행

1937 **중일 전쟁 시작** 제2차 국공합작의 계기가 된 전쟁

1938 **독일의 오스트리아 합병** 게르만주의를 내세운 히틀러의 무단 합병

뮌헨 회담 개최 독일의 수데텐란트 합병을 인정한 회담으로, 제2차 세계 대전 발발의 배경

1939 **제2차 세계 대전(~1945)** 독일·이탈리아·일본이 국제연맹과 각종 조약을 탈퇴하고 일으킨 전쟁

1940 **광복군 창설** 대한민국 임시정부 산하 항일부대로 국내 진공 작전을 펼치기 위해 훈련

1941 **대서양헌장 발표** 제2차 세계 대전 중 영·미회담 후 발표된 것으로, 추축국 응징이 연합국의 공동 전쟁 목표가 되었을 뿐만 아니라 전후에 성립된 국제연합(UN)의 이념적 기초가 된 선언

태평양 전쟁 일본이 대동아공영권을 주장하며 하와이의 진주만 기습을 전격적으로 감행하여 일으킨 전쟁

독일의 소련 침공 독소불가침 조약을 위반하고 소련 본토에 침공하였다가 연합군과 소련의 결속을 가져와 소련의 참전을 유발

1943 **카이로 회담** 대서양 헌장 발표 이후 연합국 삼국 수뇌가 가진 첫 회담. 일본 패전 후 일본의 영토 처리에 대해 결정을 내림. 이로 인해 한국은 독립에 대한 희망을 가짐

1944 **노르망디 상륙 작전** 대규모 병력이 동원된 지상 최대의 상륙작전으로, 파리가 3년 만에 독일로부터 해방

1945 **얄타 회담** 전후 문제를 놓고, 미·영·소 수뇌가 협의한 회담으로 제국주의 식민 국가들의 독립 정부 수립에 대한 사항을 합의

일본 항복 히로시마·나가사키에 원자폭탄이 투하되자 무조건 항복 선언함으로써 제2차 세계 대전 종결

8·15 광복 일본 천황의 항복으로 해방

1946 ~ 1980

냉전에서 다극화로

제2차 세계 대전이 끝난 후 세계는 미국을 중심으로 하는 민주주의 진영과 소련을 중심으로 하는 공산주의 진영으로 나뉘어 극한 경쟁을 벌이는 냉전의 시대에 접어들었습니다. 냉전이 열전으로 불붙은 대표적인 전쟁이 최초로 유엔군이 파견된 6·25, 즉 한국 전쟁과 미국이 개입한 베트남 전쟁입니다. 그러나 1950년대 중엽부터 가난한 국가들이 '빈자의 인터내셔널'로 불리는 제3세계를 형성하면서 냉전에 금이 가기 시작하였습니다. 냉전의 깨어진 얼음 조각은 공산 진영의 깊은 상처를 건드려 동구 유럽 곳곳에서는 '프라하의 봄'과 같이 공산주의에 저항하는 대규모 시위가 일어났습니다. 1970년대에 이르러 평화공존의 분위기가 핑퐁 외교를 통해 조성되었습니다. 한편 중국은 국력을 키워 공산주의 진영에서 소련을 견제했습니다. 또 유럽도 프랑스를 중심으로 유럽경제공동체를 성립시키면서 세계는 다극화 시대를 맞이하게 되었습니다.

1947

마셜 플랜·트루먼 독트린 미국이 자본주의를 채택한 유럽 국가 및 반공 국가에 경제·군사적 원조를 제공한 정책 시행

인도연방·파키스탄 독립 영국의 식민지배에서 힌두교인 인도연방, 이슬람교인 파키스탄으로 분리 독립

1948

이스라엘공화국 성립 현대 서아시아 분쟁의 시발점이 된 팔레스타인에서의 이스라엘 건국 선언

세계 인권 선언 인간의 존엄과 권리 평등, 시민적·정치적 권리를 명시한 선언문으로 제3차 유엔 총회 참가국 50개국이 서명하여 발표

남북한 정부 각각 수립 남한에서는 공화정체를 표방하는 대한민국이, 북한에서는 공산주의를 표방하는 조선민주주의인민공화국 수립

1949

북대서양조약기구(구 NATO) 설립 소련을 견제하기 위해 미국·영국·프랑스·이탈리아 등이 맺은 집단 방위 기구

중화인민공화국 성립 국공 내전에서 승리한 마오쩌둥이 베이징을 수도로 공산당 정부 수립

1950

스톡홀름 성명 채택 세계평화대회위원회의에서 원자폭탄 사용 금지를 요구하는 성명 채택으로 세계 평화 운동 급물살

6·25 발발 북한의 남침으로 일어난 전쟁으로 UN군, 중공군 등까지 개입한 국제 전쟁으로 비화

1953

휴전 협정 조인 6·25 전쟁 중단을 위해 UN군·북한군·중공군이 휴전 협정 체결. 이후 군사분계선인 3·8선과 DMZ 설정

1955 **바르샤바조약기구(WTO) 발족** 공산주의 국가인 소련·동독·헝가리·폴란드 등이 나토에 대항하는 군사 동맹을 체결하고 기구 창설

반둥 회의 냉전과 식민주의 종식을 촉구한 회의로 이후 아시아·아프리카 개발도상국 중심의 '제3세계' 탄생

1956 **제2차 중동 전쟁** 이집트의 수에즈 운하 국유화 선언 후 이스라엘의 시나이 반도 침공으로 일어난 전쟁으로 영국·프랑스·소련의 개입 속에 국제전 양상으로 진행

1957 **유럽경제공동체(EEC) 조인** 노동력, 자본, 기업의 자유로운 이동을 보장한 조약으로 유럽경제공동체 탄생 기반

1959 **쿠바 혁명 성공** 카스트로가 이끈 사회주의 혁명으로 중남미 공산주의 혁명의 상징

1960 **아프리카의 해** 제국주의 국가들에 투쟁하여 영국, 프랑스, 벨기에로부터 아프리카 17개국 독립

베트남 전쟁 미국이 역사상 패배한 최초의 전쟁으로 인도차이나에 공산주의 확산을 촉진

4·19 혁명 이승만의 독재와 3·15 부정선거에 대한 규탄·항의 시위로 이승만을 하야시킨 민주주의 수호 혁명

1961 **제1회 비동맹국 회의 개최** 비동맹중립노선 표방 28개국이 모여 평화공존과 핵전쟁 확산 방지를 위한 결의인 '베오그라드 선언' 채택

5·16 군사정변 박정희·김종필을 중심으로 한 군사쿠데타로 군정 시작

1962 **알제리 독립** 프랑스를 상대로 전쟁과 국민투표로 독립 쟁취, 아프리카 민족 독립 운동을 자극

1967 **제3차 중동 전쟁** 이스라엘이 팔레스타인해방기구의 본거지인 시리아를 침공 6일 만에 영토를 4배 이상 확장한 전쟁

1968 **소련의 프라하 침공** '프라하의 봄'으로 유발된 동유럽 사회주의 국가의 민주자유화 운동 확산을 막기 위해 소련이 체코슬로바키아 프라하를 침공

1971 **중국의 국제연합(UN) 가입** 탁구 교류로 시작된 중·미 핑퐁 외교로 중국이 가입해 국제사회 고립 탈피

1972 **중·미 정상회담** 냉전 수장격인 중·미 정상이 아시아·태평양 지역에서의 패권주의 반대를 선언하는 공동 성명 발표로 데탕트 시대 돌입

7·4 남북 공동 성명 발표 남북 간 상호 불가침 원칙을 포함한 성명으로 자주·평화·민족대단결을 통일의 원칙으로 합의

1979 **소련의 아프카니스탄 침공** 아프카니스탄을 위성국화하기 위한 소련의 침공

12·12 사태 장기 독재 집권 중이던 박정희 대통령이 사살된 10·26사건 이후 전두환이 권력을 잡기 위해 일으킨 군사정변

1980 **이란·이라크 전쟁** 시아파와 수니파 사이 종교·민족 간 갈등이 폭발한 국경 분쟁으로 이라크의 이란 침공으로 전쟁 발발

5·18 광주 민주화 운동 광주 시민이 전두환의 군사독재에 항거한 민주화 운동으로 계엄군이 학살 진압

1981 ~ 현재

인공지능과 우주 정복 시대의 개막, 인류가 나아갈 길

1990년대 이후 지구촌은 세계화의 물결 속에 격동의 현대사를 겪었습니다. 환경 문제, 선진국과 후진국 사이의 경제 격차에 따른 남북 문제, 지역 간의 분쟁과 핵문제, 코로나와 같은 전염병의 확산은 인류를 위협했지만 인류는 과학 기술의 혁신과 백신 개발로 어려움을 극복했습니다.

인터넷과 통신 분야의 혁명에 따른 소셜 네트워크 시대에서 2010년대 이후 인공지능(AI)에 의한 눈부신 진보와 우주 정복 시대를 맞이했습니다. 동시에 AI가 인간의 일자리를 대체하는 문제, 기후 위기에 따른 지구촌의 심각한 위협도 제기되고 있습니다. 그럼에도 인류는 지역 단위의 경제 협력체를 중심으로 협력하며 지혜를 모아 평화와 공존을 향해 나아가고 있습니다.

한국은 K-컬처의 세계적 확산으로 얻은 문화적 자부심과 IT 강국으로서의 역량을 바탕으로, 앞으로 평화통일을 이룩할 것으로 기대됩니다.

1985 **소련의 개혁 개방정책** 소련 공산당 서기장으로 선출된 고르바초프가 민주화와 시장경제 요소 도입

1987 **6월 민주항쟁** 전두환 정권에 대한 반독재·민주화 투쟁으로 정권의 퇴진과 대통령 직선제 개헌 촉발

1988 **제24회 서울올림픽 개최** 세계 160개국 1만 3,303명이 참가한 올림픽으로 전 세계에 한국의 존재와 위상을 과시

1990 **독일 통일** 1989년 베를린장벽 붕괴 이후 서독의 동독 흡수 통합으로 독일연방공화국 탄생

걸프전쟁 이라크의 쿠웨이트 침공을 계기로 다국적군이 참여한 국제 전쟁

1991 **소련 해체** 러시아 등 소련의 11개 공화국이 알타이어 선언을 통해 해체 공식 선언하면서 독립국가연합(CIS) 창설

1992 **마스트리히트 조약 조인** 유럽공동체(EC) 12개 회원국이 유럽 내 단일 통화 도입과 유럽 중앙은행 설립 비준

1993 **우루과이라운드 협상** 세계 각국의 무역 장벽을 제거하기 위한 협상으로 117개 국가가 참가한 가운데 타결

1995 **세계무역기구(WTO) 출범** 세계화 시대의 무역 분쟁의 해결을 위한 다자간 무역기구로 세계무역질서를 관장

1997 **외환위기** 국가부도 위기로 IMF 구제금융 지원 요청을 하며 금융불안·도산·대량실업 등 발생

1999 **코소보 전쟁** 세르비아 정부가 인종청소를 자행한 전쟁으로 반인류범죄 응징을 위한 국제규범 탄생

2000 **6·15 공동선언 발표** 남한의 김대중 대통령과 북한의 김정일 국방위원장이 남북정상회담 후 통일문제의 자주적 해결을 명시한 선언문 발표

2001 **아프카니스탄 전쟁** 미국이 9·11테러를 일으킨 테러리스트를 체포하기 위해 아프가니스탄을 침공한 전쟁

2003 **이라크 전쟁** 미국이 경기회복과 석유 확보를 위해 '악의 축' 응징을 이유로 최첨단 현대 무기를 동원해 이라크를 공격한 전쟁

2007 **10·4 남북공동 선언 발표** 노무현 대통령과 북한의 김정일 국방위원장이 남북정상회담 후 남북관계 발전 및 평화번영을 위한 선언문 발표

2008 **미국 최초 흑인 대통령 당선** 민주당 후보 오바마가 대통령에 당선. 미국 역사상 최초의 흑인 대통령 취임

2009 **신종플루 대유행** 멕시코에서 발생한 전염병으로 129개국 26만 명 감염

노무현 전 대통령 서거 노무현 전 대통령이 자신의 고향인 봉화마을의 부엉이 바위에서 생을 마감

2010 **G20 정상회의 개최** 세계경제협의기구의 정상회의를 개최함으로써 G20 의장국 지위 확보

아랍의 봄 2010년 12월부터 이슬람교를 믿는 서아시아와 북아프리카 지역에서 일어난 민주화를 요구하는 시위와 혁명

2011 **일본 대지진 발생** 진도 9.0의 지진으로 원전 방사능 누출 사고 발생

2013 **박근혜 대통령 취임** 대한민국 헌정 사상 첫 여성 대통령 취임

2014 **러시아의 크림반도 합병** 러시아의 푸틴 대통령이 지중해와 대서양으로 진출하기 위한 해로를 확보하기 위해 크림반도와 세바스토폴을 합병함

IS 국가 선포 이슬람교 원론 복귀를 주장하는 이슬람 극단주의자들, '이슬람국가(IS)'를 세우고 테러와 전쟁을 일으켰으나 2019년 수도 함락 후 소멸

세월호 참사 4월 16일 제주도 수학여행을 가던 학생들의 배가 침몰하여 476명 중 304명이 사망·실종된 참사

2015 **파리 기후변화협약 개최** 2020년 만료 예정인 교토의정서를 대체하여 195개 당사국 모두의 온실 가스 감축 의무를 결정

2016 **영국 브렉시트 단행** 영국이 유럽 연합(EU)에서 탈퇴

촛불 혁명 박근혜-최순실 게이트에 분노한 시민들의 대규모 촛불 혁명

2017 **박근혜 대통령 탄핵, 문재인 대통령 취임** 헌정 사상 최초로 현직 대통령이 탄핵으로 파면되고 제19대 문재인 대통령 당선

2018 **평창 올림픽 개최** 평창에서 동계 올림픽을 성공적으로 개최

남북 정상 회담 판문점 선언과 평양 선언, 북한과 미국의 제1차 북미 정상 회담 개최

2019

세계 최초 달 뒷면 탐사 중국 달 탐사선 창어 4호가 1월 3일 최초로 달 뒷면 착륙 성공

신종 코로나 바이러스 발생 2019년 12월 마지막 날 WHO(세계보건기구), 중국 우한에서 원인불명의 폐렴이 발생. 무서운 속도로 전염이 확산되고 있다는 보고 접수

2020

영국 브렉시트 단행 완결 영국이 EU에서 47년 만에 공식 탈퇴. EU 회원국은 28국에서 27국으로 줄어듦

2021

아프카니스탄에서 탈레반 재집권 아프카니스탄에서 미군과 서방 국가들의 철수 후 반군 단체인 탈레반이 부패한 아프가니스탄 정부를 몰아내고 재집권에 성공

미얀마 군부 쿠데타 미얀마 군부가 2015년 민간 정부를 출범시켰던 미얀마 민주화 운동의 지도자 아웅산 수지의 집권 여당이 총선에서 압승하자 부정 선거라고 주장하며 군사 쿠데타

2022

러시아, 우크라이나 침공 2월24일 새벽 4시 러시아가 우크라이나를 침공, 러시아·우크라이나 전쟁이 발발하여 현재도 진행 중

이란 여성의 히잡 시위 이란에서 마흐사 아미니가 히잡 문제로 체포 후 사망하자, 이란 전역에서 여성들이 히잡을 벗고 "여성, 생명, 자유"를 외치며 시위

제20대 윤석열 대통령 취임 국민의 힘 윤석열 후보가 더불어민주당 이재명 후보를 이기고 대통령에 취임

우주 발사체 독립 달성 6월 21일 한국형 발사체 '누리호' 발사에 성공, 세계에서 7번째 우주 발사체 독립 국가가 됨

10·29 이태원 참사 10월 29일 오후 서울 용산구 이태원동 해밀톤호텔 옆 골목에 핼러윈 인파가 몰려 159명이 사망, 197명이 부상하는 대참사 발생

2023

이스라엘·하마스 전쟁 10월7일 이스라엘에 대한 가자 지구 팔레스타인 무장 세력인 하마스의 무력 침공으로 시작. 이스라엘의 반격으로 가자 지구 초토화, 미국 주도로 휴전 협정 진행 중

생성형 인공지능 챗GPT의 등장 2023년 11월 생성형 인공지능 챗GPT가 등장, 기술 혁명의 새 장이 열림. 인간 고유의 사고력과 창의성을 대체하거나 침해, 사회적·윤리적 문제를 일으킴

제25회 세계 잼버리 대회 개최 2023년 8월 1일~12일까지 전북 부안군 새만금 일대에서 세계 159개국 4만 3000명의 스카우트 대원들이 참여하는 세계 잼버리 대회를 개최

2024

미국 트럼프 대통령 재집권 2020년 재선에 실패했던 도널드 트럼프가 고율 관세 등 '미국 우선주의(America First)'정책을 내걸어 재당선

12.3 사태와 대통령 탄핵 윤석열 대통령이 12월 3일 비상계엄령을 선포하고 무장 군인을 보내 국회를 봉쇄. 국회, 계엄령 해제 결의안 가결 이후 계엄의 위헌성과 권력 남용을 들어 12월 14일 탄핵소추안 가결

2025

윤석열 대통령 체포 및 파면 헌정사상 최초로 현직 대통령 체포. 헌법 재판소에서 탄핵 심판 후 만장일치로 파면 결정

이재명 대통령 취임 대통령 선거 사상 최다 득표를 확보하며 취임

한 번에 비교해 이해하는
중학 한국사 세계사 ❶ 선사 시대 ~ 중세

초판 1쇄 인쇄 2025년 12월 17일
초판 1쇄 발행 2025년 12월 30일

지은이 송영심
펴낸이 김종길
펴낸 곳 글담출판사 **브랜드** 글담출판

기획편집 이경숙 · 김보라 **영업홍보** 김지수
디자인 손소정 **관리** 이현정

출판등록 1998년 12월 30일 제2013-000314호
주소 (04091)서울시 마포구 토정로 222 한국출판콘텐츠센터 309호
전화 (02) 998-7030 **팩스** (02) 998-7924
블로그 blog.naver.com/geuldam4u **이메일** geuldam4u@geuldam.com

ISBN 979-11-91309-94-2 (04900)
ISBN 979-11-91309-93-5 (세트)

* 책값은 뒤표지에 있습니다.
* 잘못된 책은 바꾸어 드립니다.
* 일러두기. 이 책에 사용된 이미지 중 저작권 허락을 받지 못한 작품에 대해서는 절차에 따라 저작권료를 지불하겠습니다.

만든 사람들
책임편집 이경숙 **디자인** 정현주 **교정교열** 신혜진

글담출판에서는 참신한 발상, 따뜻한 시선을 가진 원고를 기다리고 있습니다.
원고는 아래의 투고용 이메일을 이용해 보내주세요. 여러분의 소중한 경험과 지식을 나누세요.
이메일 to_geuldam@geuldam.com